I0758905

Femminismo e Salute Mentale

Di

Eretica Whitebread

Copyright © 2022 Eretica Whitebread

Tutti i diritti riservati

Autrice: Eretica Whitebread

Grafica e Impaginazione: Eretica Whitebread

Codice ISBN: 9798828426003
Casa editrice: Independently published

Eretica Whitebread

www.abbattoimuri.wordpress.com

facebook: abbatto i muri

email: abbattoimuri@gmail.com

Introduzione

Questo libro parla di salute mentale da un punto di vista di genere. Con riflessioni e notizie tratte dal personal politico tento di spiegare come il femminismo può aiutare le donne affette da disturbi dell'alimentazione, depressione, agorafobia. Cerco di raccontare come stereotipi di genere, sessismo e misoginia influenzano la salute mentale delle donne. E immagino possibili soluzioni preventive affinché anche la psichiatria sia in grado di assimilare questo sapere per poter formulare diagnosi o terapie tenendo conto della questione di genere.

Stereotipi di genere

Quando sei di sesso femminile e ti danno del maschiaccio perché ti piace giocare a calcio o sei di sesso maschile e ti danno della femminuccia perché non ti piace giocare a calcio, ecco: questi giudizi gratuiti nei tuoi confronti si chiamano stereotipi di genere.

Partiamo dall'inizio: c'erano degli uomini con la clava, il cui potere perdurò fino alla stagione del pater familias di epoca romana. I neuroni sopravvissuti ad epoche di glaciazione psicosomatica si sono scongelati di recente ed ecco il mondo nuovo che hanno trovato: le persone non sono più divise in quelle di sesso maschile e di sesso femminile, perché ci sono anche le persone intersex. Di più. Il sesso di nascita non coincide con il genere e dunque una persona nata di sesso maschile può riconoscersi nel genere femminile e una di sesso femminile può riconoscersi nel genere maschile. Ancora: sesso e genere, già diversi tra loro, non hanno nulla a che vedere con la sessualità. Puoi essere nato di sesso maschile, riconoscerti nel genere femminile ed essere lesbica, puoi essere nata di sesso femminile, riconoscerti nel genere maschile ed essere gay. E più andiamo avanti più la questione si complica e non sta a me parlare delle transizioni perché sto solo cercando, senza averne titolo, e mi scuso per questo, di far capire in che razza di situazione complessa devono essersi trovati i neuroni scongelati degli uomini con la clava.

Il mondo di quegli uomini aveva un ordine preciso, difficile da contrastare, e per ogni obiezione o azione di ribellione c'è stato del sangue versato in una vera e propria guerra che i maschi con la clava hanno sferrato contro chiunque violasse quell'ordine. Se nasci donna fai cose da donna. Se nasci uomo fai cose da uomo. Se nasci intersex si agiva (lo si fa ancora?!) chirurgicamente così il medico e i genitori sceglievano quale sesso gettare via e quale tenere.

Se nasci femmina dovrai essere femminile, forse più sensibile, empatica, con una naturale predilezione per i ruoli di cura, fare la moglie, la mamma, la nonna, la maestra, l'infermiera. Se nasci maschio dovrai essere virile, rozzo, ruttare e scorreggiare, esibire il petto villoso, giocare a cinghiamattanza, non dovrai piangere, non avrai empatia, sarai un soldato addestrato per uccidere, prediligerai i giochi violenti e una birra ghiacciata dopo la scazzottata. Entrambi i sessi, ovviamente, secondo i più comuni stereotipi, dovranno nutrire passione e desiderio sessuale solo per l'altro sesso. Dunque la femmina che fa la femmina e l'uomo che fa l'uomo comporranno la coppia eterosessuale pronta a sfornare dieci figli così come piace a certi amici di forza nuova o casapound.

Nei secoli gli stereotipi hanno determinato anche l'assunzione di ruoli a conduzione della società. La donna, vista come più debole, paurosa e irrazionale, per non dire isterica, non poteva assumere ruoli di comando neppure quando i villaggi, sprovvisti di maschi, tutti in guerra, lo esigevano. D'altro canto all'uomo non è data l'abilità, che le donne avrebbero per natura, di occuparsi della casa, cucinare, cucire, rammendare, spolverare, occuparsi dei bambini in assenza della madre. A ciascuno il suo compito e così tutto andava benone. Benone un cazzo.

In realtà in ogni situazione in cui le donne hanno provato a liberarsi dalla morsa degli stereotipi di genere c'è stata una strage di innocenti per le ragioni più varie: erano streghe perché aiutavano altre donne a liberarsi dell'embrione, ovvero abortire, non preservando la proprietà dell'uomo, unico tutore sulla riproduzione e continuazione della stirpe. Erano streghe perché amavano un'altra donna. Erano isteriche, perché non volevano fare le brave mogli e madri e i mariti le mettevano in manicomio.

E se vogliamo dar retta, perché no, a Silvia Federici, la morsa crudele contro le donne veniva stretta ogni qual volta si verificava un tempo di crisi economica. Quella crisi determinava il fatto che l'uomo, mai incinto, mai con le mestruazioni, poteva lavorare 24 ore su 24 mentre la donna doveva fungere da ammortizzatore sociale e ricoprire i ruoli dettati dagli uomini con la clava. La morsa colpiva anche gli uomini gay perché l'uomo aveva l'obbligo di contribuire alla moltiplicazione della specie. Più figli e più operai o soldati, comunque carne da macello. Più figlie e più addette ai ruoli di cura e alla riproduzione.

Tutto filava liscio quando i neuroni degli uomini con la clava si sono congelati. Filava talmente liscio che se non potevi avere donne per procreare organizzavi un ratto nei villaggi vicini. Talmente liscio da giustificare lo stupro e ogni altra violenza sulle donne purché esse restassero ferme, intimidite, piegate e obbedienti. Talmente liscio da torturare uomini scettici come eretici, o da perseguitare gay o altri uomini etero che non si attenevano alle norme stabilite.

Il fatto è che gli uomini con la clava non si arrendono facilmente e ogni tanto, perfino negli anni post 2000, ne vedi spuntare qualcuno che sul quotidiano Il Foglio scrive cose come "Le donne non dovrebbero leggere" o in altre testate scrivono del grave problema di natalità (siamo solo in ottomiliardi al mondo, perdio!) che sarebbe da imputare alle donne in carriera e ai gay che pure vorrebbero dei figli, ma qualcuno dice che a loro no, i figli ai gay non si possono dare. Allora questi uomini con la clava hanno trovato delle donne con la clava che hanno interiorizzato quegli stereotipi fino a farli propri. Parlo di certune che si definiscono perfino femministe ma continuano a scrivere su quotidiani cattolici del fatto che pare si corra il grande pericolo che la donna scompaia. Perché? Solo perché la transizione da uomo a donna è legale e non potendo crocifiggere le donne trans in pubblica piazza usano l'arma della paura, da sempre arma usata dai tiranni, per dire alle donne che saranno sostituite o addirittura stuprate da una donna trans che ancora non ha subito l'operazione di cambio del sesso.

Non è difficile: quello che queste persone vogliono è che si ristabilisca l'ordine che i cattolici chiamano naturale delle cose. Donne maltrattate e felici di mascherare lividi in infelici famiglie eterosessuali. Figlie violentate in seno ad omertose famiglie eterosessuali. Figli che disertano il patriarcato rimessi a capo di guarnigioni da inviare in guerre lontane. Figli gay inviati a frequentare ridicoli corsi religiosi che dovrebbero aiutarli a trovare la retta ed etero via. E in tutto ciò ad ogni stereotipo di genere corrisponde una vittima. I carnefici sono uomini e donne che vorrebbero obbligarci a tornare come minimo al 1800.

Gli stereotipi di genere obbligano le donne a sentirsi in colpa se non sono madri o se lo sono ma non restano in casa a fare le balie per tutto il tempo. Gli stereotipi di genere obbligano gli uomini a sentirsi poco virili se non partecipano ad azioni di bullismo o a stupri di gruppo. Se qualcuno vi dice che voi siete così perché in natura – dannata natura – deve essere così potete rispondere che non è mai stata la natura a decidere i ruoli di genere. Le donne possono partorire ma gli uomini possono cambiare pannolini e allattare. Il congedo parentale spetta alle donne e agli uomini. Tolte quel paio di cose biologiche che ci rendono diversi poi le donne e gli uomini possono scegliere cosa fare, chi diventare, in quale genere riconoscersi e chi amare.

Sessismo e misoginia

Una delle conseguenze dirette della manifestazione di stereotipi di genere è il sessismo. Se l'uomo con la clava decide che i sessi sono essenzialmente due, maschi e femmine, e valuta le capacità di entrambi in base a questo sosterrà prevalentemente che le donne non possono fare alcune cose in quanto donne. Il sessismo diventa così motivo di discriminazione sulla vita, l'istruzione, sul lavoro, su ogni campo in cui l'uomo ritiene di poter fare meglio della donna. Quando l'uomo con la clava afferma la propria superiorità in certe circostanze rispetto alla donna quel che esprime è misoginia, ovvero l'odio per le donne.

Nel femminismo intersezionale valutiamo il sessismo pari al razzismo. Ovvero quando l'uomo bianco ritiene di poter discriminare l'uomo o la donna neri. Valutare la capacità di un individuo sulla base del colore della sua pelle si chiama razzismo. L'odio nei confronti delle persone che hanno un colore della pelle diverso da quello dei bianchi si chiama xenofobia (odio verso lo straniero).

Di discriminazione sessista soffrono anche gay, lesbiche, intersex e trans, con relativi stigmi attribuiti a ciascuno di loro per dimostrare ancora la superiorità dell'uomo bianco con la clava. Il sessismo è quindi l'espressione diretta della definizione dei ruoli di genere. Tu sei donna e non potrai fare l'operaio. Tu sei uomo e non potrai fare il babysitter.

Ed ecco le cose che per discriminazione di genere le donne non potevano fare almeno fino al momento in cui qualcuna non si è fatta arrestare o picchiare o incarcerare per rivendicare quel diritto.

Dai volumi di Storia delle Donne, a cura di Georges Duby e Michelle Perrot, edizioni Laterza, in cui si scorre il tempo dall'antichità fino alla storia contemporanea, possiamo trarre che, per esempio, la prima persona che scoprì come seminare il grano fu una donna poi imprigionata e uccisa perché aveva, con il suo sapere, umiliato i capi tribù.

Una donna non poteva dimostrare capacità nella caccia o in altre attività per rifornire di cibo la tribù, sebbene gli uomini fossero perennemente assenti a fare guerre lasciando tutti a morire di fame. Seguendo il corso della storia poi sappiamo che una donna non poteva curare i malati con l'ausilio di erbe, perché questo compito era dato al santone o medico di sesso maschile. La donna non poteva certamente esprimere il proprio parere sulla vita delle tribù o dei villaggi perché i capi in riunione erano solo maschi. Dunque le donne venivano considerate capaci solo di fare e svezzare bambini.

Nell'epoca moderna alle donne veniva impedito di leggere e scrivere, sebbene dedicassero attenzione alla lettura della Bibbia. Si diceva che la voce di Dio potesse essere accolta e interpretata solo da un maschio. E se andiamo avanti nel tempo scopriamo che le donne che testardamente si occupavano della cura di altre donne, non solo aiutandole a partorire ma anche ad abortire, quelle donne venivano chiamate streghe. Solo in quanto strega ella poteva aver ricevuto dal demonio capacità precluse a uomini ignoranti e pieni di pregiudizi. I saperi delle donne venivano sempre considerati inattendibili, inaffidabili, in contrasto con le dottrine del loro popolo, contrari alla morale comune. L'esperienza e i saperi delle donne che non era possibile ignorare venivano perciò delegittimati e criminalizzati attribuendo ad essi qualcosa di demoniaco. Questo non è scritto solo nel Malleus Maleficarum, poiché chi lo scrisse non fece altro che raggruppare una serie infinita di stereotipi e luoghi comuni che già rappresentavano la mentalità dell'epoca.

La caccia alle streghe fu più che un atto di discriminazione sessista. Fu un'azione di misoginia vera e propria. Uomini che si autoproclamavano re e preti o inquisitori torturarono e sterminarono migliaia di donne, molte delle quali furono imprigionate e torturate a Palazzo Steri, in Piazza Marina a Palermo, luogo scelto da Re Ferdinando II per mettere in atto la sua guerra contro le donne e già che c'era contro gli ebrei arsi vivi per poter sottrarre loro beni ed estinguere i tanti debiti che la corte aveva con loro (fonte: L'inquisizione in Sicilia di Francesco renda, edizioni Sellerio). L'inquisizione spagnola serviva alla conversione coatta di musulmani ed ebrei con la benedizione di Papa Innocenzo VIII. Le donne torturate e uccise furono comunque moltissime e la lezione che si intendeva dare loro era quella di restare al loro posto di mogli, madri, nonne.

Le donne faticarono anche nel poter accedere al diritto all'istruzione. La prima donna di cui siamo a conoscenza per aver mostrato le sue doti di matematica, astronoma e filosofa, in Grecia, fu Ipazia. Con l'assenso del vescovo Cirillo lei fu aggredita da un gruppo di uomini pieni d'odio che la scarnificarono mentre lei era ancora viva. E quando ancora respirava, secondo gli storici, le cavarono perfino gli occhi che troppo avevano visto e letto.

Il diritto all'istruzione delle donne in seguito valse per quasi tutto il mondo. Solo che alle donne si insegnava economia domestica mentre gli uomini imparavano filosofia, lettere e scienze. Le prime donne che ebbero l'ardire di scrivere libercoli lo fecero con pseudonimi maschili per essere prese in considerazione dagli editori, sempre maschi. E quando ad una donna veniva riconosciuto il talento di scrittrice, come fu per Virginia Woolf, si diceva di lei che scrivesse romanzetti rosa. E' famoso il suo discorso in una conferenza in cui lei parla di questo oltre a dire che voleva una stanza tutta per sé in cui poter scrivere i suoi "romanzetti" che la storia avrebbe invece poi riconosciuto come capolavori letterari.

A calcare le scene in teatro, se ci pensate un po', non c'erano donne ma uomini che si travestivano da donne. A cantare nei cori ecclesiastici, per raggiungere le note alte, non c'erano donne ma eunuchi, ragazzi che venivano evirati per donargli quella voce da usignolo.

A fare la rivoluzione in Francia non furono solo i grandi uomini che conosciamo ma c'erano anche donne, ignorate dagli storiografi. Così come in tante sono state ignorate in mille altre occasioni. Le donne nella storia non sono presenti perché gli storici non le citavano. Dunque a quelle che combattevano per una causa fu data l'assoluta invisibilità. Se non potevano ucciderle, bruciarle vive, scorticarle, almeno che non fossero visibili. E' nell'età contemporanea che le donne cominciano ad essere ammesse nelle università ma sempre con grande imbarazzo per i rettori e perché figlie di medici e professionisti riconosciuti. Le donne povere sbarcavano il lunario come potevano e nessuna che non provenisse dal mondo della borghesia ebbe l'opportunità di accedere all'istruzione e diventare medico, scrittrice o scienziata.

Più recentemente le prime donne che combatterono per avere diritto al voto, che ancora non pretendeva certo l'eleggibilità delle donne, furono incarcerate, alcune si lasciarono morire di fame in sciopero nelle galere. Tutt'oggi per poter avere rappresentanze femminili in parlamento, non che mi piaccia la questione ma tant'è, c'è bisogno delle orribili quote rosa. E fino a qualche tempo fa alle donne, sebbene fossero sopravvissute alla resistenza antifascista, dopo la seconda guerra mondiale, giacché anche le donne avevano fatto la loro parte come partigiane, non venivano dati ministeri con portafoglio. Solo nomine per prestigio, nulla di più. Fintanto che gli uomini cominciarono ad usare le donne come brand per legittimare governi i cui ministeri, anche con portafoglio, venivano affidati a donne che certamente non erano e non sono femministe e antisessiste. Tutt'altro. Il brand donna è il sintomo di una discriminazione sessista ancora più estesa ove la donna cui viene affidato un ruolo di comando dovrà comunque e sempre rappresentare il volere di poteri economici, guerrafondai e patriarcali.

Ignorando volontariamente lo sterminio di donne che ancora viene attuato da uomini con la clava nelle case o fuori da esse c'è chi osa scrivere che la parità dei diritti è raggiunta. In realtà si procede indietro utilizzando altre donne come alibi per poter continuare a imporre la cultura e la mentalità di sempre. Lo dimostrano le iniziative del ministero alle pari opportunità, che ora non esiste neanche più, parlando di violenza sulle donne senza mai parlare di violenza di genere. Lo dimostrano le fiaccolate contro lo stupro organizzate da fascisti cui l'unico obiettivo è usare le vittime di stupro per portare avanti politiche razziste e xenofobe. Lo dimostrano donne che fingendo di interessarsi ad altre donne in realtà discriminano gay, lesbiche e trans.

Se poi parliamo di misoginia gli esempi sono tanti. Nell'ultimo ventennio prima in USA, poi nei paesi latino americani e ora in Europa, si sono sviluppati movimenti misogini di maschilisti antifemministi che pretendono di essere riconosciuti in quanto vittime. Come se un gruppo di uomini bianchi sostenesse di essere vittima di razzismo. Questi maschilisti, tra i quali i più agguerriti e violenti sono gli Incel (involontariamente celibi), pretendono di giustificare lo stupro come mezzo per risarcire il debito sessuale che le donne avrebbero nei loro confronti. La loro misoginia, nel tentare di depenalizzare lo stupro è pari a quella degli obiettori di coscienza, i movimenti no-choice, che vorrebbero ancora dettar legge sul diritto di scelta della donna in relazione all'aborto.

La discriminazione sessista è attuata ancora in ogni situazione in cui gli uomini sono al comando. Possono essere eserciti, università, professioni varie, editoria, dove quel che ci si aspetta da una donna è che sia decorativa, pur senza dire una parola. Non a caso le molestie sul lavoro sono tantissime sebbene vi sia un sommerso di denunce non fatte per paura di perdere il lavoro giacché le donne povere e precarie sono economicamente sempre ricattabili. Ancor di più se sono migranti, senza la cittadinanza, costrette a fare seghe al vecchio cui fanno da badanti.

La discriminazione sessista, per ultimo e non perché meno importante, si applica ogni volta che si nega alla donna il diritto ad esprimere consenso sulle relazioni sessuali. Ogni stupro è una forma di discriminazione ed una esternazione di misoginia. Ed è in questo mondo che ancora, purtroppo, viviamo. Lottando, per ottenere pari diritti, per noi e le figlie che verranno.

Body shaming

Una delle pratiche più odiose messe in circolo da uomini con la clava e relative consorti è quella del body shaming. Letteralmente vuol dire vergognati del tuo corpo. Dunque ogni volta che qualcuno vi importuna e fa delle battutacce per disprezzare il vostro aspetto fisico sta usando una forma di molestia che può riferirsi a tutto ciò che non corrisponde al modello estetico imposto dalla maggioranza o particolarmente gradito al o alla idiota che vi disprezza. Il modello estetico cui certa gentaglia fa riferimento prescinde dal fatto che voi siate sane, debilitate, qualunque cosa. Loro disprezzano tutto quello che nella loro testa suona come anormale. L'influenza dei media nel creare un immaginario normativo per i corpi di ciascuna di noi è enorme. Tant'è che l'idiota di turno disprezza spesso una donna che potrebbe perfino somigliare a sua madre o sua sorella o alla sua fidanzata. L'importante è dar fiato alla bocca o metter mano alla tastiera, cosa che rende il web una giungla nella quale spesso si è più soggette ad aggressioni di haters che si nascondono dietro nickname e schermi per schernire con tutto l'odio che hanno in corpo e in testa.

Questo tipo di violenza colpisce senza dubbio maggiormente le donne perché di rado vedo uomini aggrediti per la loro scarsa prestanza fisica. Ma è vero che tale violenza viene compiuta da uomini e anche da donne che hanno interiorizzato il sessismo in forme tali da farle sentire in obbligo di recitare la parte delle portatrici sane di bellezza ovunque vadano. E' chiaro a tutti che i corpi delle persone cambiano a seconda del sesso, del genere, dell'età, perfino della provenienza geografica. Una forma di body shaming razzista veniva ad esempio praticata quando i colonialisti usavano le donne nere rapite e deportate dall'Africa per paragonarle alla fulgida bellezza delle donne bianche. Così anche per le donne latino americane che rivendicano la propria diversità rispetto al modello nord americano o nord europeo.

A fare body shaming sono per primi i padri che poi insegnano ai figli, frugoletti di un metro appena, che non solo fanno a gara per toccarti il culo quando passi per strada ma imparano epiteti sull'ampiezza dei culi, sulla miseria dei seni e quant'altro non eccita il loro caro papà. La cosa è parecchio sottovalutata al punto che ancora si esita a portare nelle scuole corsi di educazione al rispetto dei generi, corsi antisessisti e contro il body shaming. Ci si dimentica che combattere contro il body shaming significa combattere contro l'insorgere di ansia, bassa autostima, disturbi alimentari e depressione nelle donne.

Il body shaming ha poi zone di particolare odio rivolte contro le donne grasse e per questo è stato coniato il termine di grassofobia. Le ragazze "grasse" sono le maggiori vittime di bullismo e cyberbullismo. In una campagna ideata e portata avanti da Abbatto i Muri (Body Liberation Front o Shorts per tutte), con foto accompagnate da storie personali che trovate sulla pagina facebook di Abbatto i Muri, sono state prese di mira le ragazze in carne, quelle per alcuni "troppo magre" e quelle che si rifiutano di radersi le gambe. L'odio riversato tra i commenti simulava un interesse per la salute fisica o mentale delle ragazze in posa ma, in realtà, dicevano sempre la stessa cosa: questi corpi non seguono la norma e dunque bisogna cancellarle, renderle invisibili. Da lì il rischio che una persona oggetto di simili attacchi chiuda i profili social, vergognandosi di sé stessa, e infine eviti perfino di mettere un piede fuori casa. Parlo di agorafobia.

Perché le malattie mentali non nascono per caso e frequentemente dipendono dal grado di accettazione e dal livello di stima della persona che se oggetto di aggressioni, bullismo, cyberbullismo, di questo tipo, vengono meno. Cosa può venire di buono in una società che fa della bellezza in photoshop il modello ideale. Chi giudica spesso è influenzato da modelli che non corrispondono neppure alla realtà perché le modelle in copertina vengono allungate, smagrite, sgonfiate o gonfiate nei punti giusti per creare silhouette da fantascienza.

Rendersi conto del fatto che bisogna invadere il mondo con i nostri corpi invece che nasconderli è indispensabile affinché l'immaginario di tutti possa mutare. Io stessa ho partecipato alle campagne e anche le mie foto sono state oggetto di attacchi terribili, perché ho la cellulite, le smagliature, il peso in eccesso e una serie di caratteristiche che poco c'entrano con la desiderabilità del mio corpo. C'entra invece il fatto che come tutte voi sono cresciuta subendo giudizi ogni volta che andavo in strada. Non mi piacevano i giudizi buoni e neppure quelli cattivi ma l'impressione che ne ho ricavato è che tutti quegli uomini o ragazzi pensavano alle donne come fossero partecipanti ad una passerella per competere al titolo di Miss Italia. Ho ricevuto perciò la mia buona dose di bullismo, perfino in famiglia, e ho sviluppato disturbi alimentari, di ansia, depressione e agorafobia per vergogna e paura che gli altri mi vedessero quando non ero al meglio delle mie possibilità.

E se pensate sia qualcosa che passa con l'età non è affatto così. Ho provato disagio da adolescente, nell'età adulta e ora dopo la menopausa ancora di più perché dovrei solo lasciare in pace il mio corpo affinché segua il suo normale corso. Ecco cos'è normale: invecchiare. In una società che odia le vecchie, le mette a riposo come presentatrici tv superati i 50 anni, a meno di non farsi plastiche facciali che allungherebbero la loro redditività di qualche anno.

Uno degli stereotipi peggiori che riguardano le femministe è che siano tutte brutte e vecchie. Perciò nelle manifestazioni le giovani generazioni occupano le prime file, perché giustamente e coraggiosamente non temono nulla. Mentre noi, le vecchie, o almeno io, ho avuto difficoltà perfino a partecipare ad una assemblea femminista per timore di essere vista. Non bella o brutta ma proprio vista. Questi sono ovviamente pensieri distorti dalla percezione oramai nefasta che ho di me stessa, perché per quanto razionalmente pensi al fatto che agli altri può non fregare assolutamente un tubo di come sono fatta io mi preoccupa dover affrontare più di una o due persone per volta.

Quindi, ecco, dato che mi sono messa in testa di voler scrivere qualcosa che parli di femminismo e salute mentale, vedete che le due cose sono collegate. La nostra salute mentale dipende da come ci tratta il mondo e da come trattiamo noi stesse. Ma quel continuo bombardamento normativo non ci aiuta affatto. Ci sono troppe ragazze che soffrono di anoressia e bulimia o depressione per lasciare che se ne occupi solo la psichiatria. La medicina può intervenire quando devi essere curata, ma questi disturbi possono essere scongiurati con una sana prevenzione antisessista e soprattutto comprendendo tra gli argomenti all'ordine del giorno femminista quel che riguarda la nostra salute mentale.

Consenso Vs Cultura dello stupro

Se volete sapere qual è in Italia l'età del consenso basta cercare un po' e la troverete, sempre che vi interessi davvero. Che cos'è la cultura dello stupro? E' quella cultura per cui viene minimizzata, incoraggiata, normalizzata la violenza sessuale. Di più: viene giustificata, al punto da colpevolizzare la vittima che denuncia di essere stata stuprata. La colpevolizzazione della vittima si chiama Victim Blaming, tanto per saperlo.

Se nasci con una vagina tutto quello che ci si aspetta da te è che tu sia sempre disponibile allo sguardo, alle attenzioni, alle molestie e al desiderio sessuale maschile. Nessuno si pone il problema di quello che tu voglia. Cosa desideri, con chi vuoi stare o non vuoi stare. Men che meno se hai 6 o 10 anni e non hai ancora raggiunto l'età per poter dare il tuo consenso a nessun tipo di attenzione che un pedofilo decide di dedicare al tuo corpo, violandolo.

Se sei una bambina ti viene insegnato fin da piccola a non attirare l'attenzione, a essere una brava bambina (altrimenti te la sei cercata!), a fare quel che dicono gli adulti. Ma se l'adulto in questione è tuo padre e lui vuole stuprarti nessuno ti spiega che puoi mandarlo a quel paese e dato che vige l'omertà in molte famiglie e in molti contesti, secondo cui quell'uomo è una brava persona e mai e poi mai farebbe cose del genere, la bambina che decide di raccontare cosa le ha fatto il suo papà viene definita bugiarda e la faccenda viene liquidata così, con facilità, lasciando alla vittima il carico di un dolore troppo grande da sopportare perché rappresenta la negazione di tutto quello che le hanno insegnato. Fidarsi degli adulti, obbedire, fare la brava bambina, dire sempre di sì.

La cultura dello stupro poi ha la responsabilità di diventare elemento cardine di educazione per bambini e ragazzini che pur compiendo brutali violenze contro coetanee non sentono di doversene assumere la responsabilità. Ai maschi si insegna che alle donne piace essere corteggiate, e loro indugiano in quel corteggiamento fino allo stalking. Insegnano che la donna dice No ma in realtà vuol dire sì, dunque è dovere del maschio provarci e riprovarci perché lei ceda, senza che ci si aspetti che sia lei a fare mai il primo passo. Ancora oggi se incontri un ragazzo e gli dici a bruciapelo "scopiamo" lui ti guarda come se si trattasse di una trappola, qualche gioco perverso, perché nessuno gli ha insegnato che la donna non è un oggetto ma può essere soggetto del proprio desiderio e dunque esprimerlo quando le va.

Alle bambine viene poi insegnato di essere cortesi, gentili e di non provocare troppi grattacapi. I maschi, invece, possono essere ribelli, rumorosi, urlare e pretendere ciò che vogliono. Alle bambine viene insegnato ad essere silenziose e pudiche, a vergognarsi di parlare di sessualità, quindi a non approfondire quel che può piacere ad una donna o meno. Ai ragazzi viene data la spinta a provare, fottere, scopare, fartene due alla volta, allungare il pene fin quasi ad adombrare il tramonto perché tutto per lui è concesso.

E se queste difficoltà relazionali nascono tra persone che hanno la stessa età figuriamoci se c'è un divario di potere e la donna è molestata da chi può avere un ascendente su di lei. Il prete, il professore, il tutore, colui il quale dovrebbe avere la responsabilità di insegnarle a progettare la propria autonomia decisionale e invece interpreta il ruolo dell'orco cattivo. In situazioni di ricattabilità l'uomo presume sia più semplice che lei dica sì e così scopriamo di moltissime donne che sono state molestate sul lavoro, che vengono stuprate e non possono denunciare per non perdere l'unica fonte di reddito che hanno.

Altra questione riguarda il consenso in coppie regolarmente fidanzate o perfino sposate. C'è chi pensa che quel legame affettivo consenta all'uomo di poter fare tutto ciò che vuole di lei ma non è così. Anche in quelle situazioni, sebbene sia difficile denunciare un marito per stupro, perché i giudici potrebbero pensare a barzellette per il proprio sollazzo, se la donna dice di No allora è un No. Non si va oltre. E quel No può avvenire prima, durante e perfino quasi sul finire di un rapporto. Se lei dice No e tu prosegui si chiama stupro.

E se la donna non è in grado di dare il proprio consenso, sebbene sia maggiorenne, abbia scelto di uscire con una congrega di amici o cosiddetti tali, se lei è stata drogata o ha provato delle droghe, se ha bevuto o le è stato offerto da bere un bicchiere contenente qualche droga, se insomma lei resta in piedi per miracolo, vomita, tiene gli occhi chiusi e vuole solo poggiare la testa su un cuscino ciò non vuol dire che tu, uomo che l'hai accompagnata, puoi giocare al piccolo esploratore, toccarla, palparla e penetrarla eiaculandole addosso. Il fatto che il giorno dopo lei non ricorderà benissimo non significa che non ricorderà te, lo stupratore, e non vuol dire che la passerai liscia. Ma la cosa senz'altro più grave è il fatto che pur parlandone con amiche o parenti la vittima potrebbe incontrare un muro di gomma e rimbalzarvi contro, con tutta la vergogna e il senso di colpa che ciò comporta.

Se poi alla ragazza che non era molto in sé, oltre a stuprarla, hai fatto anche un video o hai scattato foto durante lo stupro, per minacciarla di mettere tutto online se lei parlasse o per mettere tutto online a prescindere da quello che lei vorrà fare, quello si chiama revenge porn ed è un altro pezzo del puzzle che compone la cultura dello stupro e i reati ad essa connessi. Il revenge porn non è solo un atto di violenza, ulteriore rispetto allo stupro, ma è anche la conferma che in Italia si può impunemente indurre vergogna e colpa nella vittima immortalandola mentre lo stupratore compie su di lei azioni oscene. Se lui ha la sicurezza per poter fare questo significa che ritiene valida la mentalità secondo cui la vergogna incuta nella vittima il timore più grande. Quello di non sembrare più una ragazza perbene e tutte queste lezioni ottocentesche che ci hanno massacrato le ovaie per secoli insistendo fino ad ora.

Se all'uomo viene insegnato perciò che può prendere un corpo di donna, stuprarlo, fotografarlo, picchiarlo, ricattarlo, colpevolizzarlo, sequestrarlo nella morsa della vergogna è chiaro che qualcosa non torna. Non nelle donne ma nella sessualità maschile. Gli uomini dovrebbero mettere seriamente in discussione la propria sessualità. Parlo di uomini etero che sembrano quelli con un minor grado di comprensione di quel che è il consenso da parte di una donna e continuano imperterriti a interpretare il ruolo dell'uomo con la clava che vedendo una donna, senza pensarci due volte, la prende con la forza e la chiava. Si dice così, no?

Cosa bisogna fare per prevenire questa guerra contro i corpi delle donne? Ancora educazione al rispetto dei generi, al rispetto del consenso, educazione sessuale nelle scuole. E se chi si oppone che questo tipo di educazione venga impartita non si rende conto dello scempio che nel frattempo dilaga, vedrà un'onda enorme di donne inarrestabili che prima o poi butteranno giù palazzi, chiese, chiunque sia intrappolato all'interno. Perché è ciò che meritano. Agli uomini va insegnato cos'è il consenso e ad averne assoluto rispetto, alle donne va insegnato che il silenzio è l'arma per proteggere i carnefici. Se qualcuno non rispetta il vostro consenso ditelo, raccontatelo. Se intimano il silenzio mandateli a quel paese. Non è più tempo di tacere. La misura è colma.

Esprimere rabbia previene le malattie mentali

Sono nata con una vagina quindi sono una puttana. Così mi hanno chiamato a scuola, per le strade, nei luoghi di lavoro, perfino nelle relazioni con uomini che dicevano di amarmi. Se non fossi nata con una vagina cosa ne sarebbe stato di me? Sarei diventata forse un uomo stupido e volgare, compiaciuto per ogni battuta sessista contro le donne? Non posso saperlo ma quel che so è che l'educazione della fanciulla non è uguale a quella del fanciullo. Io non so cose di scienza, quel che dicono dottori che descrivono differenze di sesso e differenze caratteriali. Ho conosciuto donne e uomini stronzi. Ho conosciuto persone perbene, uomini o donne. Per me non fa alcuna differenza. In quanto all'attrazione sessuale si è aperta in me una opportunità quando oltre al piacere provato con l'uomo ho conosciuto quello provato con una donna. Non so chi sono, cosa sono. Non so niente. Eppure tutti sembrano sapere così tanto di me. Mi attribuiscono difetti e pregi, mi definiscono brava o inetta, giusta o cattiva, incapace o competente. Non dipende forse tutto dalla mentalità della persona che pronuncia simili giudizi? Di certo non dipende da me. Io sono sempre uguale, non mi travesto, non recito, non adopero linguaggi diversi a seconda della persona che incontro. Dunque sono loro ad avere diversi punti di vista e io sono il punto fermo, il mio solo ed unico punto fermo.

Ho una vagina e dunque sono puttana e magari avessi capito prima questa cosa, per scacciare i molesti sfottendoli con battute sui loro cazzi mosci. Magari avessi avuto il coraggio di sembrare scurrile, di usare parole forti ridicolizzando chiunque veniva da me a lasciarmi un po' di saliva sul collo. A noi con la vagina non è dato il diritto di giudicare la capacità sessuale di quei maschi. Loro soltanto possono e quando lo fanno stroncano o promuovono vite, senza badare alle conseguenze. Mi sono accorta del nome che gli altri avevano scelto per me quando a undici anni io rifiutai di baciare uno stronzo, brutto, pallido e con il fiato che sapeva di topo morto. Troia, urlò. Avrei dovuto seppellirlo di insulti, urlargli contro il mio disprezzo, descrivere tutti i motivi per cui a lui, sì, proprio a lui, un bacio non l'avrei mai dato. Invece sono scappata, vergognandomi, colpevole, per aver attirato troppa attenzione su di me. E mentre scappavo speravo che mio padre non lo sapesse mai altrimenti avrei preso legnate fino al giorno dopo.

Essere puttana inconsapevole diventa un impedimento in ogni cosa. Non sai quanto vali e che strumenti potresti usare per ottenere le cose. Non sai come rivolgerti a certi figli di stronzi e non sai neppure il perché rimani sola, lì, a piangere, dopo che il bullo della scuola è riuscito a tirarti su la maglia e ti ha visto a petto nudo. Petto e non seno, dato che a quell'età il seno non ce l'avevo ancora. Se fossi stata puttana consapevole avrei rincorso lui per vedere il cazzo moscio o il suo culo peloso. Ma non sono mai stata così temeraria. E me ne pento. Però rifletto. La puttana consapevole sa alzare la voce e urlare quando serve. Se un viscido strofina il pene sulla tua gamba mentre stai viaggiando in autobus egli meriterebbe che tutti sapessero. Invece io mi spostavo, seguendo i consigli di mia madre: non dare mai a nessuno l'occasione per aggredirti. E questo comprendeva la legittima difesa. Perciò restare immobile, spostarmi, zittirmi, far finta di niente o far finta di dormire se qualcuno allungava una mano per toccarti, era la migliore strategia. Migliore un cazzo. Avessi saputo allora quel che so adesso avrei rovesciato fiumi di merda contro ogni stronzo pervertito, maniaco e idiota.

Ma alle donne si insegna che è meglio subire in silenzio. Invece le puttane si ribellano, perché hanno dato un prezzo a quello che tutti vogliono vedere o toccare. E se quel prezzo non viene pagato una puttana si ribella. Allora avrei voluto essere puttana nel nome e nei fatti. Fregarmene delle maldicenze, di far bella figura, di indossare abiti provocanti, di essere qualunque cosa e chiunque volessi essere. E dato che non esiste la terra delle seconde occasioni posso solo sperare che quel che scrivo venga letto da qualcuna che domani si mostrerà più furba di me.

Mi hanno detto che le donne sono arrendevoli e fragili, sensibili e adorabili, come fiori che muoiono appena colti. Mi hanno detto che le donne non possono fare quel che fanno gli uomini. Volevano dire che gli uomini non possono fare quel che fanno le donne: non possono fare figli, ecco cosa. Ma questo non è abbastanza, perciò indagherò a fondo il perché di ogni violenza subita. Lo farò ragionando da puttana, senza timidezze e pudori, dando un valore a quel che mi hanno tolto e mi toglieranno ancora. Lo farò con la rabbia che ho represso fino ad ora, per fare male ad altri invece che a me stessa. Perché è così che ho agito nel tempo. Milioni di azioni di autolesionismo, tante rinunce, pianti, finzioni, vergogna e depressione e paura, una fottuta paura di farmi avvicinare da chiunque, giacché la vicinanza significava scorgere la mia vulnerabilità e dunque avere la possibilità di farmi male. Molto male.

Il male non è quello che vi raccontano negli horror o nelle messe religiose. Fare del male è semplice, basta ferire l'animo umano, ripescando quel che procura più dolore, l'attaccamento, l'abbandono, l'amore, la passione, la contraddizione, un'incoerenza. Si può ferire qualcuno senza vederlo sanguinare. Ogni ferita un passo indietro, ogni colpo un luogo d'ombra, finché si arriva nell'angolo buio dove ci si sente al sicuro, senza più dire, fare, pensare e baciare. Zitta, perché nessuno ti veda e se ti lasci notare quel che accadrà sarà solo colpa tua. E' tutta qui la filosofia di quelli che ti danno della puttana senza aspettarsi che tu reagisca come se lo fossi per davvero.

Puttana con orgoglio, che non indietreggia, non tace, non acconsente se non vuole dar consenso, che non si rende invisibile per non causare l'appetito dei mostri. E' lei che avanza, urla, di rabbia, con i pugni stretti, e man mano che si avvicina quel mostro famelico la vede diventare più grande, e lui più piccolo, talmente da dover alzare lo sguardo per vedere di lei il passo deciso, l'espressione soddisfatta di chi ha lottato e vinto. Non sempre, certo. A volte ha lottato e perso. Di puttane morte sono pieni i mondi. Ma almeno hanno lottato. Invece io? Bambina timida a scuola, arrossivo se il compagno mi toccava la gonna, correvo a casa spaventata anche solo dopo aver visto un'ombra. Sempre piena di paure, malata di terrore, malata di inerzia, infine.

Quante saranno state le volte in cui da sola, allo specchio, provavo discorsi mai detti, risposte non date, fingendomi più tosta di quello che ero. Quante volte ho finto sicurezza perché avevo digiunato per giorni per raggiungere un peso che mi avrebbe dato un aspetto migliore. Migliore secondo chi? Secondo gli altri o forse secondo me, con il mio occhio malato, la visione distorta e i miei pensieri colmi di ansia, per poter essere solo accettata. Per poter essere solo amata. Non è questo quello che tutti alla fine vogliono? Riflettersi nell'altro e vedersi migliore, anche solo per un attimo, e per quell'attimo ti senti invincibile, sicura, piena di stima e di valore e potresti tenere il mondo in una mano e lanciarlo lontano se solo volessi. Ma essere una puttana inconsapevole ti toglie tutto. La forza, la stima, il valore, la sicurezza, l'invincibilità.

Così mi permetto per una volta di ascoltare me stessa, cosa che avrei dovuto fare tanto tempo fa, per poter mandare a fare in culo tutti i coglioni che pensano di poter governare la vita delle donne senza pagarne le conseguenze. Posso rimettere in sesto la mia vita operando cambiamenti nei miei ricordi e adorarmi mentre sfotto lo stronzo che cerca di infilarmelo e non trova il buco o quell'altro idiota che cerca dov'è la clitoride e insiste nel leccare l'ombelico. Posso ricordare la volta in cui cacciai via l'uomo che mi chiamò puttana perché gli chiesi di non venire prima di me, per lasciare che il mio piacere scorresse assieme al suo. Posso gettar merda sul vecchio che mi palpava al lavoro e io lì ferma, paralizzata, come se non fossi neppure più io ma qualcun'altra. Invece avrei dovuto dargli un calcio alle palle e lasciarlo soffrire, a terra, dolorante, picchiandolo ancora e ancora, per aver osato mettermi le mani addosso.

Se avessi fatto questo, se avessi reagito per ogni pugno preso, per ogni tortura inflitta, per ogni violenza subita, non starei oggi a contemplare il mondo da una finestra, in una stanza di reclusione con un post it attaccato alla parete con le parole del mio psicologo: ascolta te stessa. Ed è così che mi ascolto e quel che emerge è solo rabbia, per non aver fatto quello che avrei dovuto, per non aver reagito, per non aver dato una lezione a chi ha pensato di potermi mettere all'angolo. Invece mi sono piegata alla volontà altrui, ho succhiato cazzi che non avrei voluto succhiare, ho ingoiato sperma dal sapore orrendo e ancor più grave è che l'ho fatto gratis. Se potessi contare i soldi persi per ogni volta che ho dato via il culo o la vagina, per i pompini elargiti a chiunque mi mostrasse non dico amore ma anche solo attenzione. Come una cagna, in calore, ho agito senza pretendere nulla e poi pensavo di averlo scelto quando subivo cose che non volevo, perché sarebbe stato brutto lasciarli a mezzo. Palle doloranti, cazzo eretto, e tutte le fantastiche minchiate propinate da uomini che vogliono solo che tu li faccia eiaculare. Se mi fossi fatta pagare oggi sarei ricca, forse, o per lo meno avrei salvato il mio amor proprio. Invece ho solo sperato che venissero presto. Dai su, finisci presto, fingendo orgasmi che potevo meglio procurarmi da sola. E questa triste storia si conclude solo quando avrò bussato a ciascuno dei miei amanti a chiedergli quanto dovuto. Solo così forse saremo pari. E allora sarò puttana, puttana per davvero. Fiera e orgogliosa di esserlo, senza che altre femmine dabbene mi vengano a dire di non dettare queste parole, che mai nessuna possa leggerle, perché altrimenti l'ordine patriarcale andrebbe in frantumi. Invece quelle sono lì a reggere cazzi mosci e vecchi, continuando a far sembrare giusto quel che giusto non è. Continuando a spacciar per femminismo quello che è solo la riedizione riveduta e corretta delle raccomandazioni di mia nonna. Non farti notare, non troppo bella devi apparire, non stare da sola di notte per strada, non darla al primo venuto, sposati, fai figli, sii donna. E io donna lo sono stata e ditemi cosa mi ha restituito la vita. Un bel niente.

Un benemerito cazzo di niente. Puttana è meglio, se sai cosa vuoi, se sai cosa vuoi dire e sai che non vorrai mai subire. Puttana è il mio nome e ora che so quel che significa lo scelgo e me lo tengo. Potendo contemplare dall'alto la fragilità degli uomini e la paura delle donne. Potendo diventare artefice del mio destino, senza per questo dover fare pompini gratis a nessuno. Sono così puttana che potrei inventare un mondo nuovo fatto per noi. Ed è di quel mondo che da ora in poi vi parlerò.

Ruoli sociali: la donna come ammortizzatore sociale

Sapete quanto costa badare alla casa, alla famiglia, ai figli, agli anziani, ai disabili, ai malati? Costa tantissimo. Un welfare a misura di individuo avrebbe trovato il modo di alleggerire il peso di queste responsabilità a chiunque o le avrebbe suddivise equamente per tutti i generi, invece essendo la nostra una società di impostazione cattolica, che mira alla famiglia eterosessuale come modello sociale, quelle responsabilità le ha assegnate solamente alle donne. Le donne ammortizzano una spesa di miliardi di euro annui che lo Stato risparmia per reinvestirli non nella salute, sempre più volta alla privatizzazione, non nell'istruzione, anch'essa diretta verso la forma aziendale, ma negli armamenti, nella difesa, nella struttura delle forze dell'ordine, un ordine che ha radici patriarcali e che i patriarchi farebbero di tutto per mantenere tale.

Tutte le donne che si sono ribellate a questo ordine hanno pagato con la vita, sono state perseguitate e uccise, vedi la caccia alle streghe in pieno periodo di declino economico in cui era urgente che le donne riassumessero i ruoli per i quali le corti, i re, i governi, volevano risparmiare. Immaginare una società anche a misura di donna costerebbe poco, soltanto un po' di buon senso. Invece alle donne è assegnato il ruolo di cura e quando è la donna stessa ad averne bisogno è più semplice che i mariti si facciano da parte o che i figli paghino una badante, dunque un'altra donna, per risolvere il problema.

Uno sciopero generale delle donne da tutti i ruoli di cura farebbe crollare ogni paese del mondo. Non se lo aspettano né lo temono perché questi ruoli sono stati costruiti a suon di ricatti psicologici. Ci sono i figli che sono delle madri, i mariti di cui occuparsi, i vecchi che sarebbero soli, i disabili di cui non si occuperebbe nessuno, i malati privi di assistenza. E le donne? Per quelle negli anni ottanta le donne del partito comunista, complici a legittimare una riforma economica che precarizzava il lavoro, ci raccontarono la favola della politica dei tempi. Meno lavoro, più part time, più tempo per noi. Non era vero. Era solo un favore fatto alle aziende, esattamente come quando si parla di incentivi alle assunzioni per le donne che sono state fuori dal mercato del lavoro per un bel po' perché hanno cresciuto i figli. Quegli incentivi non convengono a nessuno, mi disse un imprenditore tempo fa, perché alla fine li danno solo se fai contratti a tempo indeterminato e dunque ti resta sul groppone la donna dipendente che non puoi licenziare se non per giusta causa. Ma oggi probabilmente non è neppure più così perché possono licenziarti quando vogliono.

Ma in quel tempo, quando si parlò di contratti co.co.co. e contratti a progetto tutte facevano finta di non sapere che i datori di lavoro ci facevano firmare fogli in bianco per licenziarci ad ogni maternità o anche al minimo avviso di problemi di salute. Con i contratti a progetto per esempio non ti pagano le ferie né la malattia. E tantissime donne sono rimaste a casa a fare le casalinghe, stanche di cercare lavoro inutilmente, dato che nessuno le voleva assumere perché costituivano un rischio troppo forte per le aziende. Di queste donne che non hanno più trovato lavoro, la mia generazione, quelle che per un soffio hanno perso possibilità di stabilizzazione, saltando da un lavoro ad un altro, accumulando competenze variegate che poi non servivano a nessuno in particolare, moltissime sono state colpite da depressione. Il 96 % delle donne soffre di depressione e tra queste oltre l'87% è senza lavoro.

Se i numeri non sono un'opinione questo non dovrebbe essere considerato un caso. C'è un rapporto preciso tra la precarietà delle donne, spinte a svolgere soltanto ruoli di cura, e la malattia mentale. In questi giorni dovendo fare giri tra ospedali e centri di salute mentale ho intervistato un po' di donne più o meno della mia età, anche più giovani. Le mie coetanee raccontavano la stessa storia. Lavori temporanei finché nessuno le ha più assunte perché troppo vecchie secondo gli standard aziendali. L'esperienza non contava niente. Le più giovani dicevano di fare un paio di lavoretti ma niente di certo, dopo una laurea si intende, e non potevano progettare niente, perciò il calo di matrimoni o di nascite che si vorrebbe addebitare alla femmina amazzone in carriera ma che in realtà dipende dal nostro stato di totale precarietà. Perciò porgo a voi – donne – qualche domanda, le vostre risposte non varranno ai fini statistici ma potremo farci un ragionamento importante attorno, sotto e sopra:

1 – quanti anni hai?

2 – hai un lavoro? e se non ce l'hai come e chi ti mantiene?

3 – svolgi lavoro di cura? se sì per scelta o obbligo?

4 – soffri di quale disturbo mentale?

Mandatemi le risposte per mail a abbattoimuri@gmail.com e io manterrò il vostro totale anonimato come sempre.

Ps: delle circa 70 risposte che ho ricevuto almeno 60 donne dicevano di soffrire di malattie mentali, di dover svolgere lavori di cura e di non avere un lavoro.

Maschilismo = Antifemminismo

Negli anni ho approfondito la presenza massiccia di maschilisti sul web o su quotidiani per tentare di intercettare il loro linguaggio, i loro codici di comunicazione che alla fine sono sempre gli stessi.

In rete li troverete facilmente come Mra (movimenti per i diritti maschili), i più violenti sono gli Incel (involontariamente celibi), che sui loro forum lamentano il fatto che le donne sostanzialmente non gliela danno. Dunque fanno apologia dello stupro dicendo che hanno il diritto di prendere quello che gli viene negato. Per loro non esiste la cultura dello stupro, quando si parla di sessismo intervengono dicendo che le donne sarebbero sessiste contro gli uomini, come se un bianco dicesse che i neri agissero razzismo contro di lui. Come se i nazisti dicessero che gli ebrei violassero i diritti costituzionali dei nazisti ogni qual volta essi si dilungano in monotematiche e violente discussioni antisemite.

Se parliamo di femminicidio il maschilista dice che non esiste e che per par condicio dovremmo riconoscere il maschicidio. Se parliamo di misoginia il maschilismo inventa il termine misandria per denominare un presunto odio contro gli uomini. Se si parla di ruoli sociali e dell'imposizione alle donne di svolgere ruoli di cura i maschilisti dicono di essere costretti a partire per andare in guerra in difesa delle "nostre" donne. Qui sfugge il punto della questione: l'arruolamento è volontario e se vogliono fare la vita militare è una loro scelta. In più sfugge il fatto che non sono le donne ad aver deciso questa divisione di compiti ma gli uomini stessi. Non sono le donne ad aver spinto gli uomini a mostrare virilità in azioni guerresche, fosse per noi le guerre non dovrebbero esistere. L'istinto di colonizzazione è di quella parte maschile che difende i valori patriarcali e impedisce ai disertori di scegliere altre vite che non siano quelle militari.

Alle donne è dato l'obbligo di fare figli, perciò c'è chi vuole impedire l'aborto con ogni mezzo. I maschilisti dicono che le donne vogliono tenersi i figli nelle separazioni. Cosa non vera perché capita più spesso che sia il padre ad allontanarsi e a non voler assumersi la responsabilità dei figli e tantomeno a dare l'assegno di mantenimento. Dunque i maschilisti si fanno portavoce dei diritti di certi padri, forse gli unici, che non hanno ottenuto divorzio consensuale e che essendo stati estromessi dalla custodia condivisa ritengono di dover fare una guerra alle femministe immaginando che siamo noi a voler curare i figli da sole e senza l'aiuto di nessuno. Niente di più falso.

Per rendere la vita più difficile alle donne, madri, che in divorzio non consensuale hanno ottenuto affido esclusivo, per ragioni che evidentemente il giudice aveva considerato valide, i maschilisti legittimano una teoria che oramai la scienza e le stesse sentenze di cassazione giudicano non credibile e parliamo della Pas, la cosiddetta sindrome della madre malevola che alienerebbe il figlio inducendolo a odiare il genitore maschile. Se questo genitore fosse stato presente nella vita del figlio prima del divorzio non penso che ci sarebbe bisogno di tirare fuori teorie fasulle per cambiare la direzione delle sentenze. E' più credibile che questi uomini vogliano fare a meno di dare l'assegno di mantenimento per i figli, tant'è che nelle proposte di legge presentate si specifica che ciascuno dovrebbe mantenere il figlio nel periodo di residenza presso l'uno o l'altro genitore. Dunque cancellato l'assegno di mantenimento tutto diventerebbe più semplice e questi padri non avrebbero alcun obbligo formale nei confronti dei figli.

Da madre che non ha mai chiesto il mantenimento per la prole per paura che questo ridestasse violenza nei gesti dell'altro genitore so che non sono stata io ad allontanarlo dal figlio ma è lui che se ne fregava altamente e che ha continuato a fare quel che gli pareva presentandosi ogni tanto con un regalino che la prole accettava per rivendicare affetto e perché in crisi di abbandono. Il dolore che quei gesti mi hanno causato non può essere paragonabile a nulla e non ho mai parlato male, salvo quando la prole è diventata adulta e in grado di capire, del padre in nessun caso.

I maschilisti di questi gruppi in rete vogliono dunque conservare una specie di dominio su due aspetti fondamentali: ruoli sociali, lavoro, welfare, e la genitorialità. Felici di voler sembrare virili quando in realtà appaiono ridicolmente antichi si crogiolano nell'idea che sia la donna, un po' puttana, a scansarli e a non riconoscere il loro valore. Se smettessero di piangersi addosso forse le donne avrebbero più considerazione di uomini autonomi e in linea con i progressi sociali che coinvolgono tutti i generi. Diversamente periranno da soli, maschilisti, antifemministi, odiando noi le femministe ma comunque soli.

Manifesto femminista della depressa sobria

Qui Depressolandia. Ho chiesto ad alcune donne di dirsi quanti anni hanno, se hanno un lavoro oppure no, se svolgono lavori di cura, per scelta o obbligo, se soffrono di malattie mentali. Tra tutte le donne che hanno risposto al questionario c'è una cosa in comune: soffrono quasi tutte di malattie mentali. Non so se si tratta di un caso dovuto alla frequentazione della pagina facebook di una depressa, ma sessanta persone che elencano una serie di disturbi per i quali sono in terapia mi sembrano comunque tante. Ciò nonostante esse svolgono lavori, fanno quel che va fatto in ogni giornata della loro vita, guardano avanti e sognano di poter stare meglio. Questo mi dice che il problema della salute mentale va trattato in senso femminista, dato che spesso la malattia mentale coinvolge familiari, figli, compagni, compagne, e spesso la stessa malattia rende difficile ogni passo compiuto durante la giornata, a differenza di quello che per altre donne senza tali disturbi diventa più semplice.

Per una donna con malattia mentale svegliarsi è già difficile, prepararsi, badare alla famiglia, o a sé stessa, andare al lavoro, anticipare tempi di qualunque cosa per essere in casa in tempo per prendere i farmaci che ti preparano per una notte di sonno chimico. Ciò vuol dire che i tempi normali non sono possibili per queste donne. Per esempio: se fissi l'assemblea femminista alle 19.00 una persona con malattia mentale non potrà mai intervenire perché alle 20.00 dovrà essere a casa, mangiare, prendere le pillole e andare a dormire. Poi esiste il problema di dover compiere lunghi percorsi, con un corpo rallentato dai farmaci che fatica il triplo ad ogni passo compiuto. Raggiungere determinati luoghi per partecipare a iniziative e assemblee diventa complicatissimo. Inoltre si potrebbe immaginare di aprire le assemblee sempre su un canale video per fare in modo che una donna che soffra di agorafobia possa partecipare.

Il tempo per una persona con una malattia mentale non scorre allo stesso modo. Il corpo non obbedisce agli ordini che arrivano da una mente ottenebrata da malattia e farmaci. Non si tratta di pigrizia ma del fatto che bisogna cooperare affinché l'inclusione sia garantita. Per includere tutte serve che le altre sappiano quali sono le difficoltà che vive una donna affetta da malattia mentale. Senza dimenticare che bisogna abbattere lo stigma che ci portiamo addosso e che lascia inebetiti tutti coloro che sentono venir fuori ragionamenti lucidi dalle nostre labbra, come se essere malate mentali corrispondesse ad essere idiote, incapaci di produrre una riflessione utile a noi stesse e ad altre. Ridare credibilità e legittimità e diritto di parola ad una donna con malattia mentale dovrebbe essere un obiettivo di tutte, poiché non ci può essere progetto politico e sociale inclusivo se non include anche noi.

Nei giorni in cui ho cercato di spiegare lucidamente cosa vuol dire per quelle come me convivere con una malattia mentale esposta, dichiarata, dunque visibile, tra i tanti commenti, che non avete letto perché cestinati, alcuni sostenevano il fatto che non vi fosse ragione alcuna di ascoltare istanze da parte nostra poiché arrivavano da menti distorte. La malattia mentale può essere di tanti tipi, ve lo ricordo, e non sempre distorce il pensiero, semmai lo rallenta, ma quel che io vedo è chiarissimo, solo un po' monco della rapidità di elaborazione che è data a chi non assume farmaci potenti che servono a stabilizzare l'umore. La stabilizzazione dell'umore non distorce il pensiero, non siamo oche giulive con un sorriso da ebete stampato sulle labbra, non siamo neanche immobili dallo sguardo fisso perso nel vuoto. Il nostro cervello continua ad elaborare dati, pensieri, ad acquisire conoscenza a essere pronto a condividere saperi.

C'è un'altra cosa da capire delle donne con malattie mentali. Tanti farmaci abbattono la nostra libido, dunque la nostra vita sessuale e relazionale ne risente. Ma ricordiamo tutto, il corpo ha memoria a prescindere da quello che la mente ottenebrata tende a dimenticare.

Continuiamo, seppur con maggiore difficoltà, ad avere orgasmi, a desiderare e voler essere desiderate. Continuiamo a provare amore, non siamo rinchiuse in un limbo entro il quale le emozioni non riescono a raggiungerci. Sentiamo e vediamo tutto. Perciò siamo vive, coscienti, desideranti e la nostra personalità non cambia. Io ero una femminista prima che mi colpisse la malattia mentale e lo sono anche ora. Ero lucida prima e lo sono ancora adesso. Riesco a produrre elaborazioni, analisi e sintesi esattamente come prima, forse un po' più lentamente. Perciò vi invito a cercare e accettare il nostro contributo, a incoraggiare il disvelamento delle nostre malattie, a trattarle come qualunque altra forma di disabilità pur se comprende la mente.

Questo manifesto è necessario perché se quelle sessanta donne che mi hanno scritto vivono quello che vivo io so per certo quanto deve essere difficile per loro seguire i ritmi che la società impone. Ritmi di produttività, di concentrazione e calcolo matematico, di intuizione e invenzione. Potremo non essere brave in alcune cose ma forse lo siamo in altre. E' possibile che la nostra peculiarità stia nel concentrarci su un fattore decisivo e su quello possiamo lavorare per apportare cambiamenti, per noi e per le altre.

Quello che la società esige da noi è esattamente tutto ciò che pretende da tutte le altre donne. Dunque immaginate le pressioni sociali su una donna di trenta, quaranta, cinquanta anni o più e moltiplicatele per mille quando quella donna non solo non riesce a far fronte agli impegni ma a lei viene attribuita la colpa per non essere all'altezza, per non saper seguire ritmi frenetici, per non essere sveglia a sufficienza, mentre i farmaci lasciano un margine per farci dormire e poi restituirci stanche alla giornata.

Pensate ad una donna che ha una relazione o dei figli, che ha dei familiari di cui prendersi cura mentre dovrebbe prendersi cura di sé stessa. La salute mentale in Italia non viene considerato un limite per alcuni obblighi. Una donna con malattia mentale può ancora fare figli sebbene poi subisca il ricatto dei servizi sociali che vorrebbe toglierglieli perché, appunto, malata mentale. Ho conosciuto una donna, madre di due splendidi bambini, alla quale veniva detto che doveva fare la brava, per loro, dunque da anoressica, con disturbo bipolare, doveva completamente affidarsi alla cura degli psichiatri sebbene in passato con lei avessero sbagliato del tutto terapia.

Lo stesso vale per me che per 10 anni sono stata in terapia con farmaci che non mi hanno aiutata e solo adesso, con una psichiatra che dapprima mi sembrava ostile, ho appreso di poter ricominciare a ragionare su me stessa e riprendere in mano la mia vita. Quindi dovete anche sapere che le difficoltà cui andiamo incontro sono tante e tali da indurci a volte in stato di confusione, non sappiamo di chi fidarci e se femministe abbiamo difficoltà a lasciare che altri prendano il controllo su di noi. Il rifiuto della malattia mentale avviene soprattutto quando pensi di poter determinare la tua vita e rimani immobile di fronte all'impossibilità di poter fare tutto da sola, come ci hanno sempre insegnato.

La mente delle donne non è qualcosa di diverso dai nostri corpi, e può essere banalmente colonizzata, manipolata, se in stato di vulnerabilità, in questo ci serve sostegno affinché nessuno possa dire che quel che pensiamo sia dovuto alla malattia. Affinché nessuno ci tratti come persone inutili, invisibili, prive di intelligenza. L'intelligenza della donna che soffre di una malattia mentale non è diversa da quella di qualunque altra donna. Dobbiamo solo superare e affrontare difficoltà diverse, perciò è necessario che si rifletta sulla nostra inclusione, sull'incoraggiamento a non specchiarci in uno stigma ma semplicemente in uno stato cosciente e consapevole di quello che stiamo vivendo.

Le donne si vergognano e si sentono in colpa per molte ragioni, prime tra tutti quelle che non ci rendono utili a interpretare ruoli sociali definiti dal patriarcato per tutte noi. Le donne che soffrono di una malattia mentale possono maturare un senso di colpa ancora più alto e considerare ideazione suicidaria a partire dalla sensazione di inutilità che ci colpisce. Se esistesse una politica di inclusione sociale e del lavoro per le persone con malattie mentali di certo non avremmo questo problema e si potrebbero prevenire molti suicidi. Ma la salute mentale non è fatta per riparare torti sociali o per intervenire sui ruoli che dobbiamo svolgere. La salute mentale si occupa solo di darci farmaci e in qualche caso, con l'ausilio di operatori, fino ad una età al di sotto dei 50 anni, almeno in questa regione, parlo della Toscana, del recupero socio lavorativo delle pazienti che hanno problemi forse assai più gravi del mio. Per il resto restiamo in mare aperto, nuotando in ogni direzione, tentando di fare tesoro di ogni consiglio ricevuto e cercando di fondare la nostra forza sulla convinzione che la malattia mentale può colpire chiunque e non dobbiamo vergognarcene.

Spero con questo scritto di non aver sovradeterminato nessuna o di non aver offeso nessuna. Quel che semplicemente voglio dire è che siamo vive, quindi ve ne prego, non lasciateci sole. Grazie.

Sessualità: da oggetto a soggetto del desiderio

Sono stata stuprata quando avevo quindici anni. Ero andata a trovare una amica che mi disse Rimani! e io restai in un lettone che ospitava me, lei e il suo ragazzo. Lui scavalcò e mi stuprò. Il giorno dopo capii che la mia amica gli procurava le adolescenti per il suo sollazzo. Lei sapeva. Non ci vedemmo mai più. Io non capivo perché rimasi ferma, fingendo di dormire, quando era chiaro che non dormivo affatto dato che mi fece male. Era la mia prima volta e l'ho subita da oggetto del desiderio altrui. Non da soggetto. Non ero un soggetto desiderante e servì tempo per capire come difendermi da chi mi considerava oggetto e come esprimere la mia sessualità da soggetto.

Da adolescente incontrai spesso ragazzi che con un dai, su, fallo, volevamo impormi qualcosa. Ero stata cresciuta in modo che soddisfacessi le voglie degli uomini. Non sapevo cos'era il piacere finché non cominciai a sperimentare, da sola. Perché per riuscire a dire No dovevo sapere cosa piaceva a me. Vendevano un settimanale titolato Due Più. Vietato ai minori, con foto di vagine e peni di ogni tipo, spiegava in qualche articolo quali esercizi fare per raggiungere l'orgasmo. Era un esercizio di contrazioni e rilassamento dei muscoli interni alla vagina. Poi spiegava che stimolando la clitoride si poteva ottenere piacere e l'orgasmo clitorideo. Spiegava che ogni donna aveva diverse zone erogene, ovverosia quelle zone che se toccate, sfiorate, procurano piacere. Per alcune erano i capezzoli, per altre l'inguine o i lobi delle orecchie. Spiegava che non a tutte piace la stessa cosa e io sperimentavo, tentando di capire cosa piacesse a me. Con il mio primo ragazzo, dopo quelle esperienze, fu tutta da ridere perché lui mi piaceva, a pelle, ma voleva guidarmi e io lo fermai e dissi Chiacchieriamo un po'!

Lui colto alla sprovvista non sapeva cosa fare ma rimase calmo e gli dissi che se voleva fare sesso con me avrebbe dovuto fare quel che volevo io. Potevamo sperimentare, certo, ma principalmente doveva sapere quello che non mi piaceva, senza bisogno di insistere perché non avrei detto sì. E lui con molto imbarazzo mi confidò di essere stato a letto con una donna più grande. Io avevo 17 anni e non me ne poteva fregare di meno della sua esperienza. Hai anche le referenze? Chiesi. Ridemmo e gli chiarii che ogni donna era diversa, perché l'avevo letto su quel settimanale. Dunque quello che piaceva all'altra poteva non piacere a me. Fu la mia vera prima volta. Non sono certa che lui sia rimasto altrettanto soddisfatto, ma a me piacque riuscire a guidare qualcuno alla scoperta del mio corpo.

Essendo una persona molto diretta non confidavo nell'intuito degli uomini. Inutile tentare di spostargli la testa per dirgli che doveva leccare in un altro punto mentre levigava una zona priva di sensibilità. Da adulta ho incontrato idioti che ho cacciato fuori dal mio letto perché non capivano e non solo i gesti, il linguaggio dei corpi ma neppure le parole, espresse in corretto italiano dunque comprensibilissime. Se ti dico lì no, significa no. Se ti dico lì sì è lì che devi andare. Diversamente vai a farti un giro altrove. E non perché sono ingenerosa, mi frega un tubo del tuo dolore alle palle. Lo risolvi da solo, in bagno, giusto per non andare in giro col promontorio in bella vista, ma arrivederci a mai più.

La cosa che mi stupiva, più di tutte, era come certi uomini si sentissero devirilizzati quando spiegavo che volevo guidarli. Passionali finché non li fermavo per dire che di là non c'è nulla. imbranati quando spiegavo cosa fare. Erano stati educati ad essere soggetti del proprio desiderio ovvero a pensare che quel che piaceva a loro doveva piacere alla donna. Se dicevi Eccomi, mi vedi? Qui c'è un'altra persona e della tua erezione non mi frega un tubo, allora diventavano insicuri, imbarazzati, cercavano comprensione, cura e consolazione. Ma se vuoi sesso non ti aspetti conforto dalla donna che vuole provare piacere tanto quanto te. Se non sposti l'asse di attenzione da te stesso per rivolgerla alla persona con cui fai sesso il tuo è un monologo, niente di più che una sega in presenza di una testimone ignara che se inconsapevole fingerà un orgasmo per fare in modo che tu smetta di fare quella cosa che ti sembra tanto bella ma che dà solo un fastidio enorme.

L'incontro che avviene tra due soggetti è soddisfacente. Quello in cui il soggetto è lui non lo è. Puoi avere tutta l'esperienza che vuoi ed essere empatico a dismisura ma se non sei cosciente del fatto che tu sei altro da lui e puoi non gradire o puoi volere cose diverse, quel rapporto diventerà un disastro. Non mi pongo neanche il problema di dirvi che lo stupro è stupro ed è chiaro che è solo un atto di dominio. Parlo di tentativi, incontri, consensuali che smettono di esserlo ad un certo punto perché non c'è reciproco ascolto e spesso non c'è ascolto da parte dell'uomo che insegue solo la sua pulsione e nulla di più. Dunque vi prego, ragazze, siate chiare, dirette, non preoccupatevi di sembrare cattive ragazze,

chissenefrega, c'è il vostro piacere in ballo e solo
voi sapete come procurarvelo.

Secoli di torture e stupri sulla pelle delle donne

Siamo all'epoca dei feudi e dei territori appartenenti ai Signori che dominavano i servi della gleba e – più di tutti – le donne schiave. Da un bel po' il revisionismo di cattolici integralisti ci dice che non esistevano gli strumenti di tortura degli inquisitori, la cintura di castità o lo ius primae noctis. Dicono che perfino gli stupri commessi nel corso delle crociate o i roghi e le torture inquisitorie sarebbero invenzioni delle perfide femministe. La realtà è che – assieme ai seguaci di altre religioni – i cattolici, la chiesa, il successivo istituto inquisitoriale così come le norme in difesa dei potenti miravano sempre al controllo della sessualità femminile e a quello delle nascite. La cintura o altri strumenti di tortura servivano a fare in modo che il padrone fosse sicuro del fatto che il figlio nato non potesse essere che suo. Tutto ciò perché l'adulterio era un gravissimo reato per le donne e perché la discendenza delle famiglie era la cosa più importante.

Il feudatario e il signore invece – che si tratti di legge scritta o meno non importa – potevano stuprare tutte le schiave che volevano e questo divenne inaccettabile, tempo dopo, solo perché fu una lotta tra uomini, un patriarca contro l'altro a garantirsi la proprietà di un corpo di donna e così la discendenza (ricordate il fascistissimo slogan, ancora attuale, "non toccate le Nostre donne"?). Le donne venivano date in pasto ai soldati per calmarli e venivano rinchiuse per anni se solo osavano disobbedire. Il destino delle donne era segnato quando fuggivano per nascondersi tra i boschi o nelle montagne. Di come le donne che aiutavano altre donne ad abortire o di come alcune diffondessero notizie di magie per tenere lontani stupratori e malintenzionati immagino sappiate qualcosa. Ma la ribellione fu sedata a furia di processi e torture, uccisioni e massacri e questo è successo per riottenere il controllo dei corpi delle donne, tra le altre cose.

Lo ius primae noctis – che veniva risparmiato solo quando gli sposi erano ricchi e in grado di pagare una grossa tassa al Signore – veniva praticato con la collaborazione conforme e omertosa della chiesa cattolica. Tante le donne che spesso restavano incinta dei signori che disseminavano i territori di quei bimbi definiti "bastardi". Così tutto dipendeva dai mariti che potevano accettare il "bastardo" o lasciare che la donna e il bambino frutto di uno stupro cadessero in disgrazia. Le donne erano industriose e intraprendenti e ragionavano in maniera concreta raccogliendo tutte le forze per difendersi da sole da chi voleva controllarle e gestirle. Da sole furono in grado di scoprire la medicina fatta di rimedi naturali e l'ipocrisia successiva fece sì che non solo alle donne fu negata la libertà ma anche il riconoscimento per le applicazioni mediche che avevano scoperto e attuato in aiuto di tante persone.

Il fatto è che più le donne venivano strumentalizzate e massacrate e più venivano negati i loro meriti. Silenziate e invisibilizzate dalla storia, grazie al pregiudizio secondo cui una donna che sapeva troppo era una strega, una nemica della chiesa e dei "nobili", quelle donne sono le ribelli che hanno combattuto tanto tempo prima di noi. Si chiamavano tutte Eva e portavano con sé il peccato originale da espiare grazie alle applicazioni fantasiose dei torturatori. Quel che potevano fare era influenzare gli uomini vicini i quali erano gli unici ad aver diritto di parola nei luoghi in cui si esercitava il potere. Patriarcato contro patriarcato per stabilire la proprietà di quei corpi. Si interessavano a quelle sposate, alle mogli e alle figlie. Le donne sole, senza "protettori", erano le più esposte e subivano di tutto. Quel che abbiamo ottenuto lo dobbiamo a queste tante donne che da sole hanno spostato il mondo e da sole si sono riprese il controllo dei propri corpi.

Pensate ad un mondo in cui le schiave erano nella migliore delle ipotesi mogli di contadini che dovevano pagare in tasse e gran parte del raccolto ai Signori. Pensate a quali e quante responsabilità quelle donne avessero. Pensate a quante volte accettavano le botte in silenzio per garantirsi la vicinanza di un marito che impediva indirettamente che fossero marchiate da altri uomini, sempre che leggi e status sociale non lo consentissero a prescindere. Il matrimonio veniva considerato un contratto che danneggiava le donne e alle donne non lasciava alcuna libertà decisionale, sia che si trattasse di sessualità o di nascite. Le donne dovevano accettare la volontà dei padri che trattava le figlie come merci di scambio per la dote o un titolo o qualunque altro beneficio. Così i loro corpi passavano di mano in mano, tentando di trovare un momento di respiro finendo per accontentarsi di quel che poteva essere il meno peggio.

Guardiamo a quello che succede oggi:

- il pater familias è una figura cancellata solo qualche anno fa;

- ancora si lotta per differenziare il padre dalla madre (vedi la lotta di integralisti cattolici contro la definizione di "genitori" negli asili e a scuola);

- ancora una donna che ha un bambino al di fuori del matrimonio deve vedersi consegnato un modulo in cui si nomina il figlio come "illegittimo";

- ancora una moglie che osa denunciare il marito per maltrattamenti viene considerata una che non sa stare al proprio posto;

- ancora le figlie vengono considerate merce di scambio per darle in matrimonio a buoni partiti utili alla scalata sociale delle reciproche famiglie;

- ancora una donna sola, senza fidanzato o marito, che va fuori a divertirsi, se stuprata si dirà di lei che dice bugie o che se l'è cercata;

- ancora oggi gli integralisti cattolici vogliono il totale controllo degli uteri delle donne e la condanna per "omicidio" di quelle che hanno abortito;

- ancora i fanatici conservatori vogliono che le donne siano al servizio di datori di lavoro molesti considerati più credibili di quanto non si pensi delle vittime di quelle molestie;

- ancora l'indipendenza economica delle donne è un gran casino e il matrimonio, per il welfare di Stato, viene comunque considerato la sola opzione, salvo tu non sia una donna ricca che può permettersi di vivere in un appartamento senza curarti dell'affitto o delle bollette da pagare;

- ancora le donne sono divise tra sante e puttane, tra madonne e streghe.

E' il 2022 e ancora lottiamo affinché il diritto al controllo dei nostri corpi, della nostra sessualità, dei nostri uteri, sia riconosciuto. Sono passati secoli e siamo ancora a questo punto perché per quante lotte le altre abbiano fatto, noi – eredi delle combattenti del passato – forse non abbiamo fatto abbastanza. Rendersi conto di questo è essenziale per capire che qualunque forma di lotta vorrete applicare, nel vostro privato e/o nel pubblico, sarà più che apprezzata da noi tutte in questo presente e da tutte quelle che verranno nel futuro. Altrimenti la nostra eredità consisterà in un regresso fortissimo perché fortissima e potente è la resistenza di conservatori di ogni tipo che ci vogliono belle e mute, obbedienti e sottomesse senza che a noi sia mai stata data libertà di scelta.

Salem: streghe, tutori e torturatori

Salem è una cittadina americana contagiata dal vento inquisitorio. Processarono un tot di persone per stregoneria e credo ne ammazzarono abbastanza. C'è una serie televisiva che prende spunto da questo e racconta di una cittadina sotto l'influenza nefasta di alcuni puritani che massacrano la vita della gente per esigenza d'ordine e disciplina. Alla gogna e in punizione, con marchi e lettere scarlatte per fornicatori e fornicatrici, bruciate delle persone accusate ingiustamente di stregoneria, la trama si sviluppa attorno alla storia di alcune donne che effettivamente accettano l'aiuto del diavolo per avere più potere e reagire alle brutalità che ciascuna di esse subiva.

La protagonista viene separata dall'uomo che l'ha anche messa incinta per volontà del puritano al potere. Rinuncia al figlio, si concede al demonio, e il rito che si celebra nel bosco, lei con l'aiuto di una strega che si è offerta di iniziarla, è simile ad un aborto clandestino a tutti gli effetti. Sapete che abortire, per le leggi puritane, era davvero come essere le puttane di satana. Ma sui corpi delle donne si realizzava qualunque genere di costrizione.

La tradizione puritana, ma anche quella calvinista, fu prodiga di racconti in cui si spiegava quanto fosse vantaggioso in apparenza fare patti col diavolo per poi perdere l'anima. Così spaventavano le persone e le inibivano dal fare scelte che sfidavano la morale comune. Ad ogni modo è esemplare la descrizione del personaggio più sadico della serie: il puritano cacciatore di streghe. La sua influenza sul figlio è deleteria, e lì si analizza la questione anche da un punto di vista di genere che riguarda gli uomini. Il puritano insulta il figlio continuamente. Lo chiama debole, incapace di resistere alle tentazioni della carne, arresta e quasi mette al rogo la donna con cui il figlio ha una relazione, lo sottopone a brutalità continue e infine pretende anche di farlo assistere alle torture inflitte alle presunte streghe. Il figlio si rifiuta e lì c'è una sfida aperta a quell'autorità da parte di una personalità maschile che è interessante da vedere. Obbligato ad essere un tutore, un giudice, un patriarca, in realtà non ci riesce, vorrebbe solo essere una persona come tante, smettere di perseguitare gli altri e amare la persona che gli piace. Non è un macho, non è nulla di quel che il padre desidera ed è vittima della stessa attenzione nefasta, coercitiva, normativa.

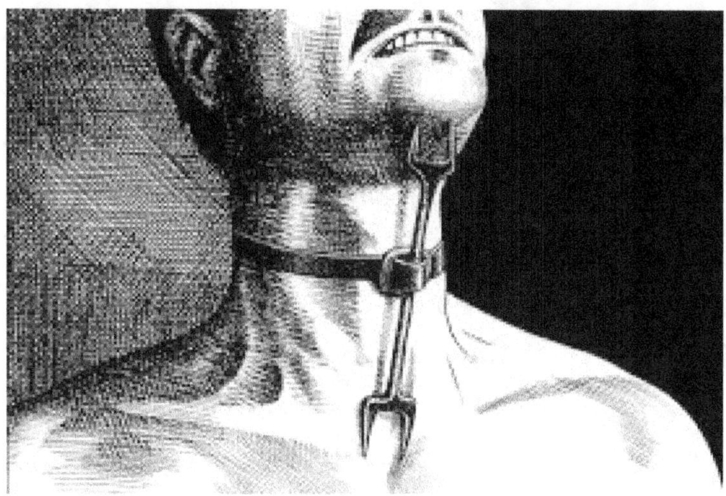

Il padre, il protestante puritano, invece è un sadico, una persona senza cuore e umanità, è lui il vero mostro in tutta quella storia, nonostante le streghe non siano presentate come buone, angeliche e assolvibili, perché erano cattive, incazzate nere e sono lì, finalmente, per rappresentare quel lato delle donne che esiste ed è presente: loro vogliono competere, vincere, non perché al servizio del diavolo ma per sé stesse, e per farlo usano metodi violenti, non si fanno scrupoli nel fare uccidere persone innocenti, nel sacrificare vite per i loro scopi. Poi c'è questo puritano, torturatore, freddo, che ritiene da fanatico qual è di dover salvare il mondo, di essere autorizzato a fare tutto per il bene della sua città, e a parte moralizzare figlio, vicini, cacciare le puttane e rompere le scatole a chiunque, il puritano adopera mezzi violenti non appena ha per le mani una donna accusata di stregoneria.

Quelle che mette in atto sono vere e proprie molestie e violenze, le tocca, le accarezza e poi gode nel torturarle, e tutto ciò in nome della sua personale legge a salvaguardia dell'umanità. La maniera in cui si pone nei confronti di una giovane donna torturata, per esempio, è quella classica dei tutori. Lo fa per il tuo bene, lo fa per restituirti l'anima, e non importa se alla fine l'anima è l'unica cosa che ti mancherà di meno dopo che avrai perso pezzi di carne, arti e avrai l'utero massacrato. Di fatto quest'uomo è convinto di salvarti e per salvarti farebbe qualunque cosa. Salvare te, la tua anima, affinché arrivi alle porte del paradiso. Ed ecco cosa faceva questo tizio alle sue vittime. Per il loro bene, naturalmente.

Usava tutti gli strumenti elencati tra quelli storicamente riconosciuti nella storia del medioevo. Ma con le donne la crudeltà passa sempre per simboliche interpretazioni di massacri e stupri. C'è uno strumento di tortura, si chiama pera vaginale, e lui la inseriva dentro la vagina della donna e poi questa pera si apriva, sempre di più, e il sadico la girava e rigirava per poi tirarla fuori con la forza. Le donne trattate con questo strumento normalmente non sopravvivevano per via delle infezioni o delle gravissime emorragie interne. C'è un altro strumento, usato per punire e torturare le donne che abortivano o erano giudicate adultere: lo straziatoio di seni, lacerava la carne all'infinito. Ma poi c'è anche la forcella dell'eretico, e questa potrebbe riguardarmi, ed era fatta apposta per far suicidare, praticamente, la persona torturata. Nella serie televisiva si vedono scene di vera e propria tortura mentre il torturatore dice che attraverso quelle sofferenze la strega capirà dove sta l'amore vero. Perché come ti ama il puritano, ovviamente, nessuno. E' lui che vuole le donne sante, a fare da mogli e madri, a non fornicare, se non con il proprio marito e a scopo riproduttivo, a non abortire e non fare nulla di peccaminoso.

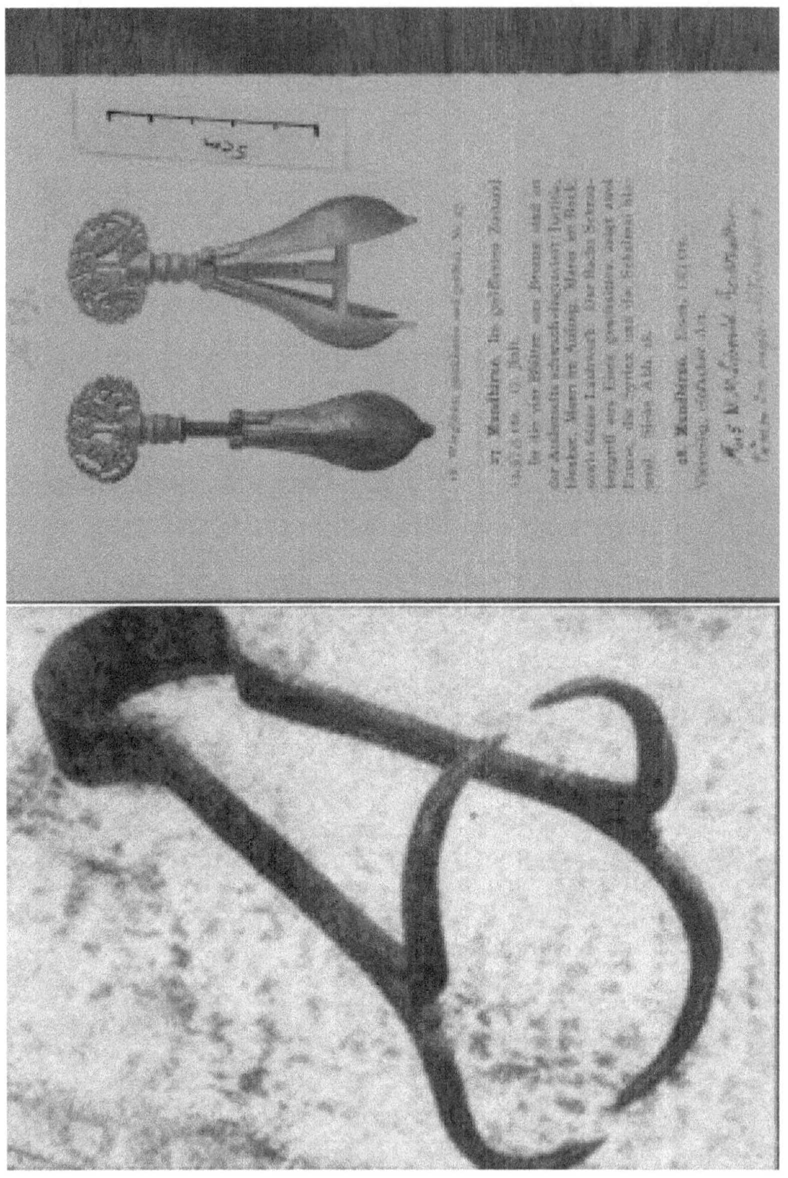

La serie televisiva potrebbe forse essere risolta ancora meglio ma già così è assolutamente meno noiosa, appunto, di quelle in cui le streghe sono creature prive di complessità e conflitti. In questa serie invece si vedono mondi complicati, generi non perfettamente delineati, persone descritte in relazione ai ruoli di potere e ai fanatismi. Non con cliché ovvi e scontati ma con passaggi che seguono un itinerario che definisce in qualche modo l'umano.

Malleus Maleficarum: le streghe ostetriche e il diavolo etero

Il Martello delle Streghe è stato pubblicato in latino nel 1487 ad opera dei frati domenicani Jacob Sprenger e Heinrich Institor Kramer, allo scopo di soddisfare l'urgenza di reprimere l'eresia, il paganesimo e la stregoneria in Germania. La pulsione inquisitoriale difatti arriva e fu realizzata molto più da quelle parti e coinvolse anche protestanti puritani, calvinisti e solo dopo si realizzò nel sud Europa una inquisizione cattolica e spagnola della quale anche in Sicilia fu lasciata ampia traccia (fonti: Renda, Messana). Il tribunale inquisitorio fu comunque istituito nel 1231 da Gregorio IX e nel 1484 Innocenzo VIII promulgò la bolla Summis Desiderantes affectibus, con la conferma dell'esistenza delle streghe e l'incarico a

Instítor e Sprenger di "punire, incarcerare e correggere" le persone infette dal crimine della "perversione eretica" e di svolgere con nuovo potere in Germania il ministero dell'inquisizione.

L'opera fu stampata per ben 34 edizioni con una vendita pari a decine di migliaia di copie che vuoi o non vuoi diventarono base della cultura dell'epoca. Ad ogni modo fu soprattutto Institor ad esercitare il ruolo di inquisitore e pur di fare questo e uccidere le streghe si trovò contro perfino alcuni vescovi di buon senso del luogo, un paio, uno dei due condannato e bruciato, e nel frattempo con le sue azioni comunque ottenne favori da diversi papi, Sisto IV, Innocenzo VIII, Alessandro VI.

Quel che si diceva era dunque che "non bisogna lasciare in vita neanche una strega" e bastava il semplice atto di parola, da parte di colei che contraddiceva l'inquisitore, e lui si trasformava né più e né meno che nel suo stalker. La perseguitava fintanto che non riusciva a dimostrare una colpevolezza presunta e dedotta per via di pregiudizi e una visione delirante da parte dell'inquisitore. La libertà di espressione diventava "perversione eretica". Il dissenso alla chiesa non era assolutamente permesso. Per impedirlo si realizzava l'azione di contrasto da parte dei tutori dell'ordine pubblico.

Gran parte del Malleus Maleficarum è l'esposizione e la costruzione dell'immaginario maschile, nella società occidentale, intorno all'atto sessuale. La prova certa, ovvero quella che avrebbe determinato la condanna della strega, derivava dalla observatio, pratica ereditata e riaffermata più tardi dalla psichiatria. Nel testo quel che è femminile viene trattato con una misoginia senza pari in una definizione del soggetto femminile come raccapricciante, con raccomandazione autoritaria affinché non avvenisse alcuna femminilizzazione della società, giammai, perché solo il mostrarsi simili alle femmine significava assoggettarsi ai diavoli. Nelle pagine del Malleus Maleficarum scorre un delirio politico che immagina come unica soluzione la necessità di esistenza di una organizzazione disciplinare e totalitaria. Pensiero unico, norme imposte, potere sui corpi, sulla sessualità.

In questo contesto l'inquisitore si basa appunto sull'osservazione, quel che interessa è catalogare e giudicare il sintomo e non tutto il resto. La semplice disobbedienza era giudicata tale: un sintomo della stregoneria. Perciò gli inquisitori prescrivono l'obbedienza, certe volte anche la morte, in nome della libertà. C'è da dire che la Germania non tollerava moltissimo l'intrusione dell'inquisizione romana, ma in quel tempo di grande povertà c'erano fior di rivolte contadine, e costituivano una minaccia per i padroni, i ricchi, i privilegiati. Di fatto l'inquisizione fu anche usata come diversivo, per terrorizzare, controllare quella popolazione che vinta dal pregiudizio e dalla paura si consegnò volentieri a quei tutori. Il metodo è sempre lo stesso, fateci caso: esiste qualcuno che alimenta il terrore in direzione di altre persone, così gli si consegna il marchio autorevole di tutore e sarà lui a stabilire norme per controllare e piegare la volontà della popolazione.

Tenete conto anche del fatto che l'inquisizione era un buon modo per condannare persone che diventavano rischiose per i poteri già esistenti così da sottrarre loro tutti i beni. In Germania, ma accadde anche in Italia, prima della fine del 1400 furono sterminate varie comunità ebraiche. Non erano ben visti i commercianti e non si poteva sopportare la loro scalata sociale. Persone che si ribellavano a quelle modalità autoritarie venivano semplicemente accusate di stregoneria o complicità con streghe anche solo per il fatto che nel movimento contadino un tale si innamorava di una tale e per un rapporto sessuale venivano accusati di fornicazione. I movimenti contadini si opponevano all'appropriazione dei terreni da parte dei ricchi. L'inquisizione diede una mano a delegittimarli e a impoverirne la portata rivendicativa. Della collusione tra correnti capitaliste e inquisizione ha parlato Silvia Federici nel libro Calibano e La Strega.

Gli inquisitori, in ogni caso, come d'altronde ancora oggi accade, furono violentissimi inibitori del dissenso e soffrivano di un delirio di onnipotenza non comune, per cui presero a moralizzare le sorti del mondo con un interesse morboso che riguardava la sessualità delle donne.

Il Malleus Maleficarum in questo senso potrebbe rappresentare, per dirla con Armando Vermiglione, una sorta di Pornografia sacra e comunitaria, con nuovi temi che suscitavano l'eccitazione del popolo, nuovi elementi di godimento collettivo. Era l'unico libro che parlava di sesso che non fu mai censurato e si teme che gran parte del suo successo avvenne perché costituiva, di fatto, una raccolta di dettagli a dimostrazione dell'eresia di talune categorie di donne e tali dettagli non potevano non eccitare la fantasia sessuale dei lettori. Le stesse modalità di tortura per fare confessare le streghe sono, d'altronde, né più e né meno che molestie, stupri e atti di sadismo operati sui corpi delle donne. Nel testo, per esempio, giusto per darvi una chicca, si parla dell'insistenza con cui serve far distinguere alle streghe lo sperma dell'uomo mite da quello del diavolo. Quello del diavolo pare fosse "freddo". Non chiedetemi il perché. Ma in generale i racconti sessuofobi degli inquisitori istigarono emulazioni, delazioni, spesso frutto di semplice pregiudizio o antipatia nei confronti dell'accusata, isteria collettiva e tutto questo ovviamente non poteva che essere utile al fine di ottenere la "confessione". L'arte dell'inquisitore è quella di considerare i sintomi come prove indiziarie e gli indizi come elementi che costituiscono la presunzione di colpevolezza.

Presunti colpevoli erano quelli che esprimevano "cattive opinioni" e tanto bastava per essere tacciate di stregoneria. Gli inquisitori si ritenevano sempre dalla parte della ragione, dunque stabilivano che quel che bisognava perseguire era l'intenzione della strega, anche se quell'intenzione resisteva soltanto nella loro immaginazione. L'intenzione di devastare il mondo, di piegare il carattere dell'uomo, di contaminare le altre donne e consegnare bimbi al diavolo. La donna con "intenzioni" malvage gode del sesso non riproduttivo, dunque l'unico sesso buono è quello che produce figli all'interno di un legame socialmente riconosciuto. L'uomo omosessuale viene considerato allo stesso modo impuro. Si sarebbe trattato di "amore disordinato che rischia di travolgere la società ed è il primo e principale prodotto diabolico". L'amore disordinato, in ogni caso, veniva addebitato alle donne, malvage, a prescindere dal fatto che fossero streghe. Così vengono descritte come "di debole intelligenza, ciarliere, vendicative, invidiose, colleriche, volubili, smemorate, mentitrici, dai desideri insaziabili" perché le donne, già solo per il corpo che possiedono, sono preferite dal diavolo, dunque la loro è prostituzione diabolica. Inutile dirvi che uno dei crucci essenziali degli inquisitori era quello di far fuori le prostitute.

Il corpo degli uomini invece non sarebbe stato oggetto di desiderio del diavolo. Dio lo ha scelto per incarnarsi e poi gli inquisitori stabiliscono che il diavolo, può pure essere tale, ma "non commette atti contro natura". Il diavolo è indubbiamente etero, così è deciso. Gli uomini semmai sono considerati vittime, in una prospettiva sessuologica, di donne dispotiche, streghe che "minacciano l'inscrizione del rapporto sessuale nell'omaggio al diavolo, turbano il governo dell'amore, che è principalmente cortese. Sconvolgono le menti degli uomini fino all'amentia. Con la violenza della carne rovinano le anime." Così, queste donne perfide, non facevano altro che reclutare seguaci e "Donne corrotte e abbandonate vengono drogate con una bevanda per essere indotte a partecipare ai riti delle sette di streghe." Il riferimento chiaro è alle streghe ostetriche che aiutavano le donne con l'aborto.

Da qui parte l'assillo dell'inquisitore contro la droga, perché il Malleus Maleficarum è anche un manuale contro le droghe, a vantaggio della medicina sacramentale. Si intende che così si consuma anche la guerra tra scienza e religione, per cui perseguitate saranno quelle che usano medicina alternativa, le erboriste, i medici che non privilegeranno le cure di un prete a salvare il corpo e l'anima delle persone affette da varie malattie, interpretando esse come riprova della collera di Dio o come prova di esistenza del diavolo e in entrambi i casi si ricorre alla retorica del sacrificio e della decontaminazione dei luoghi attraverso riti che comunque finivano per fare morire la gente.

Ad essere oggetto di particolare persecuzione poi furono per l'appunto le ostetriche, accusate di fornire metodi demoniaci alle altre donne che così pare rendessero impotenti gli uomini, nel senso che esisteva qualche arcaico metodo contraccettivo per salvarle da decine di gravidanze indesiderate e così quegli uomini avrebbero fatto più fatica a metterle incinta. Le ostetriche venivano accusate anche perché assistevano le donne nell'aborto, così vinceva una immagine che demonizzava queste presunte streghe denunciate come assassine o divoratrici di bambini, come spacciatrici di diavoleria, "droghe", per vincere la volontà delle altre. Ma il cruccio dell'inquisitore era preciso: "il parto è troppo affidato alle donne, alla madre che vuole soltanto l'aborto o un bambino da uccidere". Magari così potete rendervi conto che quando si parla di aborto e controllo dei corpi delle donne la questione arriva da molto lontano.

Direi che con questa premessa posso anche lasciarvi alla lettura del capitolo del Malleus Maleficarum che parla proprio della presunta responsabilità streghesca delle ostetriche. Forse in futuro racconterò come si strutturava un processo a carico di una strega, soprattutto quello realizzato dall'inquisizione spagnola che in Sicilia ebbe grande rilievo: la tortura e l'interrogatorio; le presunte prove testimoniali ottenute spesso tra chi, donne incluse, odiava le accusate o rimediava benevolenza della corte grazie a una menzogna; l'onere della prova a carico dell'accusato la cui presunzione di colpevolezza era uno stigma, comunque un marchio, che gli sarebbe costato la persecuzione ad opera di gente che non faceva altro che immaginare che ogni dettaglio, per quanto estraneo alla questione, fosse perciò dimostrazione di colpevolezza; la costruzione delle imputazioni; la figura dell'advocatus, che in realtà giocava a legittimare gli inquisitori affinché si pensasse che la persona condannata avesse avuto la migliore difesa; il collegio giudicante, formato da individui aventi forte pregiudizio nei confronti dell'accusata. Per ora eccovi uno stralcio che parla di queste cose.

Da Il Martello delle Streghe:

Questione XI

"Le streghe ostetriche in diversi modi uccidono nell'utero i concepiti, provocano l'aborto e, se non fanno questo, offrono ai diavoli i bambini appena nati.

La verità esposta sopra viene provata al tempo stesso da quattro terribili atti compiuti sia sui bambini ancora nell'utero materno sia sui neonati. Siccome i diavoli devono eseguirli per mezzo delle donne e non degli uomini, quell'omicida si dà da fare per trovare alleati fra le donne più che fra gli uomini. E di tal fatta sono le opere.

(…) A questi si aggiungono un terzo e un quarto modo: qualora non riescano a provocare l'aborto, uccidono poi il bambino oppure lo offrono al diavolo."

Molestie su minori e omertà a protezione dei pedofili

Vi parlerò di due casi, di cui sono a conoscenza. Perché di questo argomento infido parlano fin troppo senza sapere nulla, molto spesso di pancia ma non è un argomento che va affrontato di pancia ma con la testa.

Il primo: padre molesto, stupratore, di cinque figlie. Sono scappate tutte, prima o poi, anche prima della maggiore età. Non seppero salvarsi a vicenda. Madre assente, totalmente presa dal ruolo della matrona meridionale che con il cibo intende saziare appetiti e cancellare ogni problema. Se quando la prima delle sorelle fuggite avesse detto alla successiva vittima quello che le sarebbe capitato e così via fino all'ultima ragazzina, almeno alcune di loro avrebbero vissuto senza quel trauma. Ma in quella famiglia si sviluppò un misto di amore e odio per cui quando il padre cominciò a guardare con altri occhi la sorellina, quella più grande ne fu indispettita, si sentì abbandonata. Quello era l'unico modo che lei aveva per sentirsi amata dal padre e quel misto di sentimenti e vergogna, sensi di colpa e coinvolgimento emotivo la portavano a non vedere di buon occhio la sua rivale. Mi raccontarono di un gioco che il padre usava fare, la sera, dopo aver bevuto, con la moglie già a dormire, come fanno le brave casalinghe, pronte a svegliarsi presto l'indomani, il padre chiedeva alle bambine di ballare, in camicia da notte, e lui applaudiva, le faceva sentire speciali, poi riservava il gioco più speciale ad una sola, finché rimase l'ultima, la più giovane, fuggita di casa a sedici anni, per raggiungere le sorelle maggiori. La prima, per poter andare via, aveva accettato di sposarsi e accolse con sé tutte le altre, poi si separò, rimasero solo loro, le sorelle. Il padre non smetteva quando le bambine crescevano, perché continuava, fino all'adolescenza. Dunque non si può proprio parlare di una "malattia" quanto del vizio del padre padrone di coltivare un harem con figlie femmine pronte a sostituire l'indesiderabile moglie.

Tutte le sorelle ebbero poi storie complicate con gli uomini, l'ultima sceglieva quelli che la picchiavano, perché voleva essere punita, si sentiva in colpa. Poi il padre morì e tutte tirarono un sospiro di sollievo. Fu a quel punto che si scagliarono contro la madre, le dissero tutto, e le attribuirono parte della responsabilità. Perché lei sapeva e non fece mai nulla, per il buon nome della famiglia, per non perdere il favore dei vicini, per poter ricoprire un ruolo sociale privo di pecche. La moglie rimase così da sola, senza nessuno, per lungo tempo, mentre le figlie cambiarono città e alcune anche Paese, allontanandosi il più possibile da tutto.

Secondo: una bambina viene molestata dal nonno, un altro padre padrone che pensa che le femmine siano buone solo per fare una cosa. La bambina lo dice alla madre la quale le proibisce di parlarne, perché non era vero, solo immaginazione. Quando arrivò dall'estero la sorella con una nipotina, il nonno le invitò a restare con lui ma lei rifiutò. Le due sorelle sapevano, non per sentito dire, ma per essere state vittime di quel padre. Dopodiché erano andate avanti con le loro vite, quel padre dimostrò attaccamento verso le figlie, ne favorì i matrimoni, diede loro soldi per le case, perché lui non era uno qualunque ma un cittadino perbene, benvoluto, rispettato e che viveva nel benessere. La madre non disse alla figlia di tacere per proteggere il padre ma per proteggere sé stessa, la strada che aveva compiuto, la sua famiglia, i figli. La molestia alla bambina fu dovuta ad un momento di "distrazione", potremmo dire. Nell'intenzione della madre c'era il fatto di non voler distruggere tutto, i legami familiari, le complicità, la rete fitta di omertà costruita per conservare intatto il buon nome di quell'uomo stimato da tutti. D'altro canto le due donne non avevano parlato ai mariti delle circostanze accadute. Si vergognavano troppo e volevano soltanto dimenticare. Il nonno morì, quella bambina crebbe e tentò il suicidio almeno un paio di volte fintanto che non fu sottoposta a terapia per depressione e disturbo bipolare.

Se un fenomeno come la molestia sui minori può proliferare è perché si lega agli affetti, alle cose non dette, ai ruoli sociali, al giudizio sociale, ai pregiudizi della gente. Le donne si preoccupavano per la madre, in questo caso, perché ne sarebbe uscita distrutta e non avrebbe potuto mai più guardare le nipotine allo stesso modo sapendo quanto era successo. Una vittima dopo l'altra, compiacendo un uomo che in una femmina, parente o meno, vedeva solo un modo per procurarsi piacere.

La maggior parte delle volte in cui mi hanno parlato di molestie su minori c'erano di mezzo ancora legami, omertà, cose semplici da capire e difficili da smontare. Non si trattava del mostro venuto da fuori o del perverso satanico che con i bambini compiva riti magici. Solo legami parentali, stretti, infinitamente infidi, esattamente come quelli che si realizzano nel caso delle violenze domestiche. Ma nel picchiare un bambino non c'è disonore, per la nostra società di benpensanti. Anzi veniva considerato un buon metodo educativo, dunque semmai arriva la sorpresa ad ogni denuncia fatta. Nel molestare un minore invece il disonore c'è tutto, e c'è soprattutto per le molestie sui bambini, i maschi, dato che la cosa che la società moralista e puritana odia più di tutto non è lo stupro ma l'omosessualità. Il fatto che un bambino possa essere stato infettato scatena le ire dei genitori. Se una bambina viene molestata a molti sembra quasi normale.

Se si vuole parlare di pedofilia quindi vanno considerati un insieme di fattori determinanti: il mostro è sempre in famiglia, l'omertà è costruita a protezione del benessere familiare e del mostro, la rabbia più profonda arriva se viene molestato un figlio, perché le femmine, si sa, sono nate per quello, per essere molestate in eterno, perché peccatrici e tentatrici.

Ho un terzo caso, a proposito, e lo liquido in fretta perché non posso svelare troppi dettagli. Quando la bambina disse di essere stata molestata dallo zio, la moglie, quindi la zia, disse che lei era una puttanella e che sicuramente aveva fatto qualcosa per tentarlo. Di puttanelle è pieno il mondo, così ci considerano da piccole e poi da grandi. Quella bambina, la puttanella, aveva otto anni all'epoca del fatto. Mi pare che da discutere ci sia un bel po' e forse meglio dei soliti assalti al mostro, senza capire perché è difficile disinnescare una violenza su minori in questa bell'Italia in cui la famiglia eterosessuale è benedetta, santificata, senza considerare il fatto che sia un concentrato di traumatiche vicende contro donne e bambini.

Interiorizzazione del maschilismo

Nasciamo femmine, ma non per questo abbiamo coscienza dei nostri diritti. L'educazione ricevuta ci dice chi siamo, cosa possiamo fare e cosa potremo diventare. Molto spesso l'educazione si basa su stereotipi, sessismo e misoginia. Prima di sapere chi siamo qualcuno decide qual è il nostro genere ed è già una forzatura. Perché nascere con un sesso femminile non ci rende per forza donne. Ma se riconosciamo che è quello il nostro genere, dopo aver cercato di setacciare nei meandri di culture e mentalità ostili, cosa più difficile è liberarsi dal maschilismo interiorizzato. Quando vediamo nelle altre delle rivali, delle nemiche, scegliamo la strada più semplice ovvero quella che ci è stata fornita dagli uomini. Compiacersi del fatto di saper chiamare puttana una donna, perché ti sta sulle ovaie o perché pensi che lei sia responsabile per il tradimento del tuo compagno, è indice di interiorizzazione del maschilismo. Quando diamo della puttana ad un'altra donna non solo lo diciamo a lei ma stiamo limitando noi stesse, stiamo veicolando una cultura che limiterà noi e le nostre figlie. Stiamo divulgando una cultura che detta alle donne le norme da seguire per essere accettate dalla società, una società le cui regole sono date dai maschi. Stiamo così favorendo la cultura patriarcale, mentre sorvegliamo il modo di vestire o di truccarsi di una donna. Stiamo insultando noi stesse se permettiamo alla logica misogina di farci odiare il nostro stesso genere.

Non sono poche purtroppo le donne che veicolano cultura sessista e maschilista. Sono le nostre nemiche perché il fatto di essere donne non le rende nostre pari. Possiamo lucidamente immaginare che siano state risucchiate da una educazione misogina e maschilista, ma dopo una certa età, quando dovrebbero cioè aver capito quale strada intraprendere, per sé stesse e non per accontentare i padri, i nonni, i fidanzati, dovranno assumersi la responsabilità di quel che dicono, che scrivono e fanno contro le altre donne. Se limitano il mio modo di essere, se usano l'eteronormatività per esempio per giudicare le lesbiche o se citano lo splendore di essere donne quando trasudano transfobia da tutti i pori, mettendo all'angolo le altre donne perché trans, quelle hanno interiorizzato il maschilismo. Lo hanno fatto proprio, l'hanno condito in salsa simil femminista con un linguaggio subdolo e ambiguo che dice di voler salvare le donne da sé stesse, pressappoco, quando ad esempio si vestono in un certo modo, o scelgono di svolgere una professione come il sex working; o scelgono di voler prestare l'utero per dare un figlio ad una coppia di amici gay. Ciascuna donna dovrebbe poter dire quel che vuole o non vuole fare, esprimendo liberamente la propria scelta, in questo consiste il principio dell'autodeterminazione. Se arriva un'altra che parla come un maschilista, vuole negarti diritti come farebbe un maschilista allora quella donna è maschilista. Non c'è scampo.

Una donna che ha interiorizzato il maschilismo è anche quella che limita la crescita di un uomo in una direzione differente. Se quella donna cresce un figlio dicendogli di fare l'ometto, di non piangere o di non comportarsi da femminuccia, sta comunque facendo il lavoro sporco per conto del patriarcato, peraltro gratis. Ci sono donne che difendono i propri figli quando sono imputati in processi per stupro. Quelle donne minacciano e insultano le donne che denunciano e dicono che sono le donne, le puttanelle, a tentare i loro figli. Non assegnerebbero responsabilità al figlio stupratore neanche se assistessero di persona allo stupro. Non lo riconoscerebbero perché sono donne intrise di maschilismo a tutto tondo. A volte è più semplice diseducare dal maschilismo un uomo che una donna, lo so per esperienza, perché la donna pensa di essere non maschilista in quanto donna. Eppure la vedi fare battaglie per impedire l'aborto, per vietare alle donne questo o quello, per prevaricarle e sovradeterminarle in ogni scelta possibile. Diseducarci dal maschilismo è difficile, si parte da noi stesse e poi vedrai che riuscirai a vedere nelle altre lo stesso problema. Basta solo volerlo.

Molestie sul lavoro

Secondo la <u>legge per risolvere il problema basta fare una denuncia.</u> Nei fatti non è così. La molestia sul lavoro può essere realizzata attraverso battute sessiste, barzellette a sfondo sessuale, atteggiamenti equivoci, palpeggiamenti, e qualunque genere di comportamento che ti metta a disagio e provochi turbamento. Generalmente la molestia sul lavoro si svolge in maniera subdola, senza un pubblico, senza prove concrete che attestino che la molestia sia realmente avvenuta. Secondo stereotipi e pregiudizi di genere una donna che subisce molestia sul lavoro subisce innanzitutto colpevolizzazione e giudizi persino da parte delle altre donne che sosterranno che la vittima abbia comportamenti che incoraggiano un certo tipo di atteggiamento da parte del datore di lavoro per trarne giovamento con avanzamenti di carriera.

Uno dei pregiudizi ricorrenti in relazione alle donne che denunciano di aver subito molestie sul lavoro e quello che lei se la sia cercata per cercare di ottenere vantaggi di qualunque tipo. Se molte donne si schierano contro altre donne vittime di molestia sul lavoro e perché vige l'interiorizzazione del maschilismo di cui abbiamo già parlato nel capitolo precedente. Ci sono donne che pensano esattamente come i maschilisti che la donna abbia oro tra le cosce e che sappia farlo fruttare bene per ottenerne vantaggi. La verità è che i datori di lavoro molto più spesso molestano donne ricattabili, con problemi personali, con figli a carico, possibilmente non sposate, forse divorziate o separate. Ancora più spesso vengono molestate le donne migranti che possono restare in questa nazione solo grazie al permesso di soggiorno ottenuto tramite dichiarazione del datore di lavoro che le assume. La donna molestata raramente trova solidarietà presso le colleghe e i colleghi di lavoro. Prima di pensare ad una qualunque denuncia la donna molestata deve fare i conti con la possibilità di perdere quel lavoro e quindi quel necessario introito economico che nessun futuro le risarcirà.

Nel caso di donne migranti quella denuncia può voler dire la perdita del diritto al permesso di soggiorno. Perciò le donne sopportano individui viscidi che mettono loro le mani addosso contando sulla propria impunità. Se la donna avesse quantomeno la solidarietà di colleghe e colleghi di lavoro potrebbe fare in modo di ottenere dei testimoni per gli episodi di molestia. Per esperienza so che colleghe e colleghi ritengono che se tu sei la vittima di una molestia evidentemente te la sei cercata perché a loro non capiterebbe mai qualcosa del genere. Io denunciai di essere stata molestata da un mio datore di lavoro al capo di quel gruppo il quale mi disse che gli avrebbe parlato sedando i suoi istinti. Colleghe e colleghi erano informati sebbene egli non si facesse scrupoli a palpeggiarmi davanti a loro. Il risultato fu che il mio contratto non venne rinnovato. Se mi fossi rivolta a un sindacato o se avessi fatto regolare denuncia di molestia sessuale sarebbe cambiato qualcosa? Dubito che colleghe e colleghi si sarebbero schierati con me perché anche loro avevano qualcosa da perdere. Quindi si tratta di un terreno scivoloso che proprio per questo favorisce il reiterarsi di azioni moleste da parte dei datori di lavoro.

Fui molestata anche in un ristorante dove facevo la cameriera, pagata in nero, ed era un lavoro a me necessario per campare. In questo caso invece di rivolgermi a qualcuno dissi a lui stesso che se mi avesse rimesso le mani addosso gliele avrei tagliate. Non so quanto lui prendesse sul serio la mia minaccia ma credo che il fatto di ricorrere alla legge in certi contesti ti faccia apparire più debole. Dunque l'idea che tu possa cavartela da sola sembra fare più paura ad un datore di lavoro molesto che potrebbe così pensare che in realtà hai risorse inaspettate e non sei così indifesa. Di fatto lui smise di mettermi le mani addosso. Con ciò non voglio incoraggiare nessuna ad adoperare soluzioni da giustiziera. Ritengo sia necessario utilizzare le leggi esistenti ma non senza il supporto di un centro antiviolenza o di una rete di donne che possa esserti utile, supportarti, eventualmente aiutarti a trovare un altro lavoro. E non bisogna dimenticare che la molestia sul lavoro porta con sé uno strascico di disagio psicologico che può sfociare in depressione o autolesionismo. La rabbia e la frustrazione represse a lungo in situazioni di questo tipo possono generare disturbi dei quali in genere la legge non tiene conto né per valutare un risarcimento morale che sia degno di questo nome né per fornire assistenza psicologica alle vittime che di sicuro non hanno solo bisogno di un militare per stendere il verbale della denuncia. Il problema della salute mentale come conseguenza ad un atto di molestia prolungato, per esempio, può diventare talmente ampio da far nascere ideazioni suicidarie. Perciò è necessario un approccio alla violenza di genere che tenga conto di tutto questo.

La famiglia eterosessuale

Leggendo il libro di Silvia Federici, Calibano e La Strega capisco che le analisi femministe fin qui discusse siano giuste. La famiglia eterosessuale non è solo il prodotto patriarcale ma anche capitalista in cui l'uomo deve svolgere il lavoro produttivo e la donna quello riproduttivo. Senza il lavoro riproduttivo e di cura il capitalismo e il patriarcato non avrebbero potuto trovare nuovi soldati o nuovi operai per campagne coloniali, di espansione e per l'esercizio del commercio che tende sempre alla privatizzazione. Le società in cui la discendenza viene considerata matrilineare, ovvero dove non è utile sapere chi sia il padre e i figli diventano di tutte le persone presenti in quelle comunità, sono rare. Si tratta di società rurali dove l'imposizione della famiglia eterosessuale non è necessaria alla sopravvivenza di quelle comunità.

Una di queste comunità si trova in una zona sperduta della Cina e c'erano anche nella zona amazzonica fintanto che la Banca Mondiale e il Fondo Monetario Internazionale, promettendo maggiore benessere non hanno defraudato tutti dei terreni, hanno favorito la colonizzazione, e contemporaneamente hanno avviato una campagna contro l'autonomia delle donne che se non addette alla riproduzione e alla cura non possono soddisfare i criteri di ricambio generazionale utili allo sfruttamento capitalista. Ad una campagna del genere segue sempre una denuncia per un nuovo piano di nascite, si denuncia grave denatalità ed ecco le donne rimesse al lavoro il cui ruolo non viene mai considerato se non in funzione delle necessità patriarcali e capitaliste.

La famiglia eterosessuale è dunque necessaria a quell'ordine economico di sfruttamento della manodopera che deve essere perennemente rinnovata con nuovi figli da mandare al macero. Se vi sono tante opposizioni in regresso sull'aborto è dovuto anche a questo. Se c'è una critica feroce contro le donne trans il fatto è dovuto alla riduzione in schiavitù delle donne che biologicamente devono concorrere tramite la riproduzione alla creazione di nuovi strumenti per accelerare le dinamiche di mercato.

A nessuno importa dell'indipendenza delle donne che continuano a perdere opportunità di lavoro ed autonomia. A nessuno importa delle donne dopo il 50esimo anno di età perché non possono più fare figli. Le donne servono solo ad una cosa, fare figli e curarli per poi affidarli al mondo del lavoro e dello sfruttamento. Ecco perché le donne devono dipendere economicamente dagli uomini, ecco perché ad ogni crisi economica corrisponde una aggressione misogina che ci riporta in casa a svolgere lavori domestici.

La chiesa collabora ampiamente a questa necessità, esattamente come ha supportato i primi approcci capitalisti di espansione e defraudazione del lavoro agricolo, nell'epoca della caccia alle streghe. Non si trattava di pregiudizi belli e buoni ma di un piano ben congegnato per intimidire le donne e riportarle alla condizione di schiavitù riproduttiva e sessuale e di cura. Se ci sono tante opposizioni all'indipendenza delle donne, al fatto che vivano sole lontano dalla famiglia, si deve a questo. Non siamo utili e dunque a nessuno frega un bel niente di noi. Non ci saranno servizi che tutelino la nostra indipendenza, non con il debito bancario che l'Italia ha da sempre e che restituisce con un debito procapite ad ogni nascituro.

La famiglia eterosessuale è un trucco, tutto ciò che ne deriva non è altro che violenza, con l'uomo addestrato a tenere buone le donnea affinché svolgano i ruoli assegnati. Degli uomini che disertano e delle donne che resistono a questo ordine delle cose si occupa la repressione costante delle idee e delle azioni. Abbiamo avuto un ventennio tra gli anni settanta ai '90 in cui le donne hanno avuto la possibilità di acquisire autonomia. Poi tutto è tornato indietro. La mia generazione e le successive sono vittime di questo contorto piano per riaddomesticarci e renderci servili nei confronti del piano patriarcale e capitalista. Non potremo mai sperimentare forme di autonomia con l'aiuto delle istituzioni. Non potremo mai veramente avere attenzione su quel che riguarda la violenza di genere in famiglia perché tutto quel che viene richiesto è che i maschi facciano del loro meglio per mutilare le nostre aspirazioni e se non lo fanno vengono ricompensati con una precarietà che colpisce anche loro.

Violenza ostetrica: fanculo al "partorirai con dolore!"

Se leggi Silvia Federici in Calibano e la Strega ti spiega che la schiavitù delle donne e della riproduzione sessuale fa il paio con patriarcato e capitalismo. E' semplice perché senza nuovi operai e nuove schiave non ci sarà movimento del mercato e quindi il capitalismo potrebbe anche andare a farsi benedire. Quello di cui qui vorrei parlare è anche il fatto che la riproduzione più che essere vista come una capacità delle donne parrebbe essere un dovere del quale non ci si deve lamentare e secondo il detto che dovrai partorire con dolore ogni tuo urlo merita un'accusa, implicita per il fatto di non essere abbastanza donna e coraggiosa e forte da sopportare, così dicono, tutto ciò che tante altre avrebbero superato senza un lamento.

La faccenda nuova è che a queste forme di maltrattamento le femministe hanno dato un nome e si chiama violenza ostetrica. Il fatto è che non devi dimostrare nulla e che al contrario di quanto possono dirti ci sono donne morte di parto per la negligenza medica o per complicazioni e inoltre, sebbene i tuoi esami rivelino che va tutto liscio, il parto non è indolore, fa un male cane e lo so per certo perché l'ho provato sulla mia pelle.

Le mie doglie erano forti e urlavo per il dolore. Non avevo intenzione di essere eletta a martire e dunque volevo che qualcuno mi aiutasse. Invece mi hanno praticato l'incisione del perineo o episiotonomia, perché non hanno avuto la pazienza di attendere che la dilatazione avesse le giuste misure. L'ostetrica ha rotto le acque prima del tempo, lasciando senza ossigeno la creatura che come un solido in una bottiglia che viene svuotata risalì la corrente e quindi nonostante le spinte restava ancorata troppo in alto. Poi una inserviente praticò la manovra Kristeller ovvero unì le grandi braccia e si scagliò con forza con i gomiti sul mio addome facendo schizzare fuori la creatura. Se non mi ha rotto una costola è stato per miracolo, immagino. In seguito quando si fece vivo il medico cominciò a ricucire il taglio che non era necessario fare e sentivo ogni cosa, l'ago che entrava e usciva dalla mia carne. Dopo tutto il dolore provato ne avevo abbastanza e glielo dissi e lui rispose che non era nulla di importante, potevo sopportare ancora un po'. Dunque sopportai.

Quello che non sopportavo era invece l'atteggiamento immorale delle persone presenti che evidentemente avevano appreso dal manuale maschilista il modo per stereotipare qualunque mia reazione ritenendola frutto di emotività o di chissà quale altra corbelleria sessista. Il fatto che le donne partoriscano dall'alba dei tempi non vuol dire che dobbiamo essere costrette a sgravare figli in una caverna senza che nessuno ci presti attenzione. Tutti i metodi per accelerare il parto, per esempio, sono orribili, quando sai che una donna può partorire con i suoi tempi. Non ultimo il ricorso al parto cesareo quando non ce n'è bisogno. Quello che io ho provato è stato terribile e nulla mi faceva sentire la gioia di aver dato la vita o cose del genere perché mi sentivo un pezzo di carne poggiata su una lastra fredda come il ghiaccio mentre mani inesperte facevano cose che mi provocavano solo molto dolore. Non so se è chiaro il fatto che partorire è come se un pezzo del tuo corpo si staccasse da te, senti lo strappo, cruento, feroce, qualunque cosa facessero le donne in passato io ho partorito negli anni '80 e mi aspettavo almeno un minimo di umanità da chi avrebbe dovuto assistermi. Invece c'erano solo commenti sessisti, battute retoriche, stereotipi maschilisti. C'era colpevolizzazione in ogni cosa, anche quando qualcuna diceva, dopo, di sentirsi troppo dolorante per poter allattare e allora dicevano che se non lo facevi tuo figlio poteva crepare. Tutto dipendeva da te, la sua vita, la responsabilità di tutto, qualunque cosa dipendeva da te.

Per come è andato il mio parto dissero che era perché troppo giovane, i miei fianchi non erano abbastanza larghi, perché non mi dilatavo in fretta (ero lì solo da poche ore), perché ero troppo sensibile al dolore e poi drammatizzavo tutto. Avrei voluto mandare a quel paese tutti quanti ma le famiglie montarono un altare di confetti e liquori per ringraziare un medico che non fece altro che ricucirmi in malo modo tant'è che i punti vennero via subito dopo.

Quanto dolore deve sopportare una donna per essere meritevole del grazioso complimento di un medico che ti assiste? Quante volte sulle donne che partorivano sono state praticate cose che non bisognava fare, metodi barbari alla stessa stregua degli uomini nelle caverne? Quanto senso di colpa può essere indotto ad una donna che mentre partorisce sente insulti se non concorda con quello che l'ostetrica o il medico stanno facendo? L'iniziativa Basta Tacere per fortuna ha fatto emergere un fenomeno che in tante conoscevamo senza sapergli dare un nome. Ora lo abbiamo e dunque se vi trattano male denunciateli. Se lo meritano.

Modelli estetici imposti

A questo proposito mi piacerebbe davvero potervi mostrare un video prodotto da Yolanda Dominguez dal titolo Poses. Nel video ci sono donne di qualunque tipo che imitano le pose di certe modelle. Dolorose, incompatibili perfino con le possibilità di curvatura della colonna vertebrale, ridicole, quando vengono fotografate in una posa che ricorda una donna svenuta sul prato. Nel video si può vedere come donne comuni interpretano quelle pose in luoghi comuni, strada, ristorante, mercatino.

L'analisi di Yolanda della realtà passa attraverso il living, la performance agita nello spazio urbano che crea sconcerto e dubbio negli ignari spettatori-passanti. La riproposizione di situazioni od eventi decontestualizzati o improbabili hanno lo scopo di far sorgere il dubbio sulla veridicità di quello che sta avvenendo, svelando l'assurdo che si cela dietro a molti dei dogmi che ci vengono imposti, primo fra tutti quello dell'immagine femminile.

Come spiega Yolanda nel suo blog, le "Pose" sono solo un simbolo utilizzato per rappresentare l'immagine della donna venduta dai media e che rappresenta un modello da seguire per molte che consumano queste immagini. "Siamo quello che consumiamo ed è bene che ci fermiamo a pensare su che cosa stiamo consumando. Com'è l'immagine degli uomini nei media? Normalmente in situazioni di successo, ricchezza, potere. Com'è l'immagine delle donne? Tirata, con la bocca e le gambe aperte, con la faccia da morta, piegata, spogliata, disponibile".

Il video, montato come una candid camera, fa sorridere e allo stesso tempo ci lascia con tante domande: ad esempio, perché dovremmo considerare una donna svenuta in un'aiuola o una col colpo della strega un modello di perfezione?

Ecco qualche immagine tratta dal video.

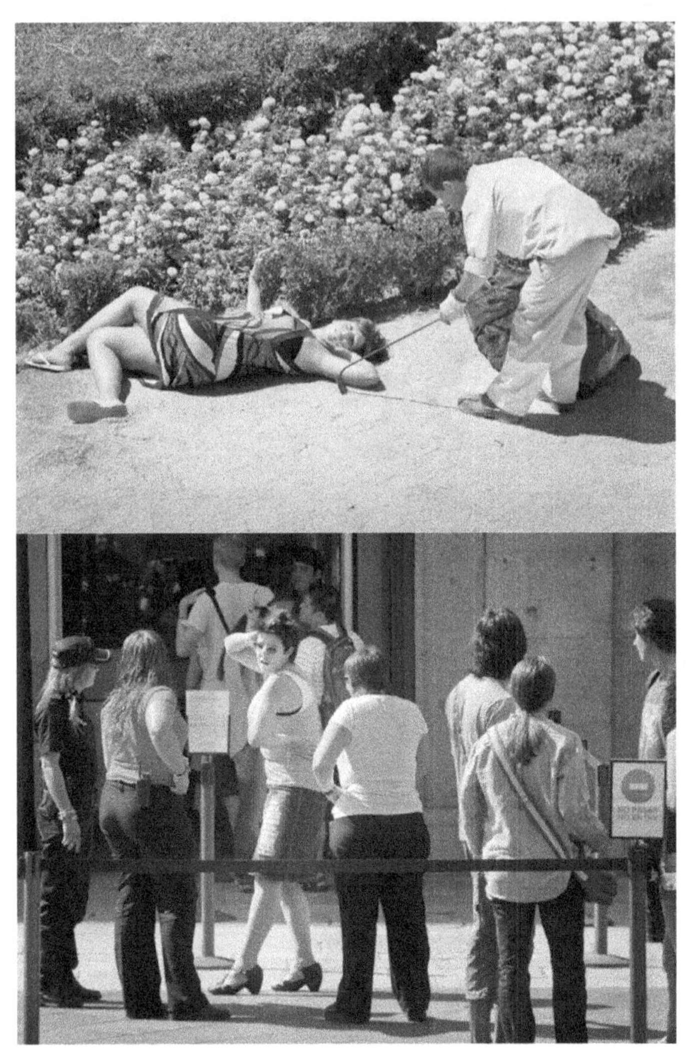

Se non sei madre non vali niente

Gli stereotipi che insistono nel dare giudizi sulle donne realizzano una trappola all'interno della quale esse sono destinate a compiere solo ruoli di cura riproduttivi. A rafforzare questi stereotipi insistono giudizi perfidi nei confronti delle donne che non vogliono fare figli. A queste donne viene detto che sono egoiste, pensano solo al proprio aspetto, non sono in grado di dare amore, pensano alla propria carriera. Di conseguenza si dice di queste donne che non siano tali perché le donne vere, così si dice, sono emotivamente e naturalmente spinte a provare istinto materno. Dell'istinto materno altre femministe hanno scritto abbondantemente circa il fatto che non esiste perché si tratta semplicemente di una sorta di legame che si crea con una persona che dipende da te.

Continuare ad insistere affinché le donne debbano provare questa sorta di istinto le spinge semplicemente a sentirsi colpevoli e inadeguate quando non vogliono svolgere lavori di cura e assistenza verso familiari e altri in genere. Perciò le donne vengono tartassate con domande che indagano sulle loro reali intenzioni, su quando vorranno mettere al mondo un frugoletto che ti amerà per tutta la vita, così dicono, su quando deciderete di mettere al mondo un figlio. Non uno solo ma è meglio due perché si sa che poi i fratelli si aiutano tra loro. Si dice che fare figli sia un'ottima assicurazione per ottenere assistenza durante la vecchiaia. E tutto ciò rimanda ad un giro di giostra che ripropone la cura comunque a carico dei familiari senza che le istituzioni decidano per un welfare che pensi alle persone bisognose di assistenza e senza una famiglia.

Di fatto ormai è improponibile un modello sociale del genere perché abbiamo tutti gli strumenti per constatare che la famiglia eterosessuale non è che una forma sociale antica di sussistenza che non può reggere alle spinte della precarietà senza che le istituzioni assolvano il proprio dovere nei confronti di individui da ritenere completamente autonomi, indipendenti dalla famiglia. Le necessità di sopravvivenza indicano che la maggior parte dei figli ormai è costretta ad emigrare e quindi ad andare lontano dai cui luoghi è impossibile tornare per assistere i familiari rimasti nei luoghi natii. Un tempo era necessario per le famiglie generare figli che aiutassero nel lavoro condotto nei campi, nell'agricoltura, nell'artigianato. Oggi questi figli studiano, si laureano, non ereditano alcun sapere professionale da parte di genitori altrettanto precari e infine migrano per creare eventuali altre discendenze che migreranno a loro volta in altre direzioni.

Spingere una donna a fare figli quando l'età per ottenere una minima autonomia si è spostata in avanti, mentre lei studia per ottenere un'indipendenza economica, ben sapendo comunque che un solo reddito in famiglia non è più sufficiente per sopravvivere, è semplicemente paradossale. Le donne delle ultime generazioni restano radicate nelle città in cui hanno frequentato l'università, perché lì si sono insediate, integrate, e li immaginano di poter avere sbocchi lavorativi. Ascolto le storie di donne che dopo anni di vita precaria trascorsi in città estranee sono costrette a tornare in famiglia per disoccupazione e non sono affatto felici di aver dovuto compiere questa scelta. Molte di loro sono affette da depressione o comunque sono scoraggiate mentre continuano a inviare curriculum per tentare di trovare lavoro in città dove non possiedono alcun paracadute sociale e nessun legame umano. Al fallimento dei loro tentativi contribuisce anche il fatto che molto spesso le donne vengono spinte a dedicarsi a studi umanistici quindi privi di una specializzazione precisa che le inserirebbe in concorrenza agli uomini.

Il fatto che ci sia una tardiva consapevolezza che l'istruzione per le donne, per la loro autonomia, dovrebbe essere specialistica, le pone in una posizione di ricatto economica non da poco. Se poi partono da una situazione familiare dalla quale intendevano sfuggire il ritorno viene visto come un fallimento vero e proprio. Per le donne una volta si riteneva più adeguato uno sbocco professionale nell'insegnamento, quindi nel lavoro di cura, giammai in campi specialistici. Oggi quegli sbocchi non sono più comunque garantiti, l'insegnamento non è più un'opportunità ma una scommessa a perdere, e solo chi in modo lungimirante ha investito in studi specialistici può trovare un lavoro in altre città o all'estero. Ci sono donne che si sono dedicate a studi specialistici e per questioni relazionali o legate alla maternità hanno accettato di fare le ricercatrici presso l'università in cui hanno studiato che oggi si trovano in situazioni di totale precarietà.

Negli ultimi trent'anni le donne hanno dovuto scontrarsi con un nuovo modo di concepire il lavoro, grazie all'opera di chi ambiva a privatizzazioni per spronare il capitalismo, i contratti sono diventati a progetto e queste donne si ritrovano a fare più lavori durante l'arco della stessa giornata per poter sopravvivere. Le più furbe sono andate all'estero, hanno imparato qualche lingua straniera e si sono inserite in un mercato del lavoro con una mobilità maggiore. Ci sono quelle che sono riuscite a investire in una istruzione specialistica, medici, scienziati, fisici, chimici, ingegneri, informatici eccetera, che possono trovare lavoro all'estero e fanno parte di quelle intelligenze in fuga che non potranno restituire la propria energia alla nazione da cui provengono.

In una situazione del genere fare un figlio è veramente difficile. Continuare a usare gli antichi stereotipi per demonizzare le donne che non fanno figli significa riferirsi ad un passato che non torna. Significa anche colpevolizzare le donne per un destino economico che neppure hanno scelto. È inutile insistere con incentivi per dare due soldi alle donne che fanno figli, inutile insistere con la minaccia dell'obiezione all'aborto, perché in ogni caso queste donne non genereranno prole se non forse quando avranno una sicurezza economica tale che gli permetterà di farlo. Incolpare loro della denatalità quando in realtà è il sistema economico che dovrebbe essere totalmente rimesso in discussione, incluse le decisioni relativamente ai ruoli destinati alle persone di ambo i sessi e di tutti i generi, diventa quindi surreale. Oltretutto il fatto di spingere con pressioni di ogni genere e ricatti emotivi le donne a seguire il richiamo della "natura" facendole sentire fallite o di scarso valore per non aver fatto figli, diventa un atto di estrema violenza nei confronti delle donne. Si tratta di convinzioni misogine. Si tratta di stereotipi sessisti. Il valore delle donne non risiede nella loro capacità riproduttiva. Quella è solo una delle capacità che le donne possiedono.

Il fatto che non vogliano metterla al servizio del capitalismo o dei patriarchi in cerca di generazioni future da istruire al maschilismo, non rende le donne di minor valore. Le donne hanno intelligenza, valore, creatività, capacità di sopravvivenza, inventiva, intraprendenza, e molte altre caratteristiche al pari di ogni uomo. Dire a una donna che se non è madre non vale niente non è solo sbagliato ma implica un analfabetismo è un'ignoranza senza pari da parte di chi pronuncia quelle parole. Le donne valgono moltissimo a prescindere dai ruoli che decidono di svolgere. Uno dei metodi per far sentire gli schiavi un po' meno schiavi è quello di indurli a credere che la schiavitù sia nella loro natura e nel loro destino. Le donne non sono così stupide, non vogliono essere schiave e non credono più alle balle che vengono raccontate affinché esse siano più disponibili a diventare tali. Le donne scelgono liberamente e se sceglieranno di fare un figlio sarà solo perché lo hanno voluto e lo educheranno certamente non per

diventare schiavo di qualcun altro ma per essere
una persona libera. Come libere sono le donne.

La criminalizzazione della donna

La criminalizzazione della donna si realizza a partire dagli stereotipi che definiscono sesso e genere come se fossero la stessa cosa. Ricordo che essere nate di sesso femminile non significa che il tuo genere corrisponda all'essere donna. Tenendo conto di questo, secondo gli stereotipi, il fatto che tu abbia una vagina ti rende colpevole a prescindere. Non solo perché ti porti dietro il peccato originale, così come dice la religione cattolica, ma perché nei secoli essere donna ha significato anche essere sovversiva, ribelle, una terrorista.

Le ragioni per cui le donne sono state giudicate in questo modo sono sempre le stesse e continuiamo a leggerle o ad ascoltarle ancora oggi. Non sono pochi i maschilisti e le donne con maschilismo interiorizzato che vengono a spiegarti come si fa ad essere una vera donna. Se sei donna prescindendo dagli stereotipi allora vieni giudicata come se tu fossi una donna falsa. Cosa fa la vera donna che non viene criminalizzata? Ovviamente obbedisce all'ordine patriarcale: si occupa della casa, si occupa dei parenti e del marito soprattutto, sforna figli e se ne prende cura fino alla morte. La sua felicità consiste in questo. L'unico status sociale che intende raggiungere è solo questo. Talvolta fa conciliare un lavoro part-time con i doveri familiari ma solo per aiutare economicamente la famiglia e giammai per realizzazione personale.

Tutte le volte che una donna si discosta da queste caratteristiche viene criminalizzata. Vengono usati specifici aggettivi solo per la categoria di donne che decide di usare la libertà di scelta per fare cose che disturbano l'ordine patriarcale. Di una donna che ama il suo lavoro non si dice che è competente ma che è una donna in carriera che evidentemente preferisce la carriera ai figli. Di una donna che non ama attività casalinghe si dice che non è stata bene educata, che è una femminista, anche se non lo è, e che lascia fare tutto al povero marito che dovrebbe invece dedicarsi alla propria professione. Di una donna che non ama i lavori di cura, non ama assistere familiari malati e non ama crescere i propri figli, si dice che è fredda, priva di empatia, incapace di amare. Di una donna che non vuole avere figli, come già scritto nel capitolo precedente, si dice che se non sei madre non vali niente, perché il tuo valore consiste nel fornire un'eredità al maschio di turno attraverso un discendente che purtroppo tu sola puoi partorire.

Se una donna decide di abortire viene chiamata assassina.

Se un uomo non si applica in questioni casalinghe, se non si dedica a ruoli di cura, se non cresce i propri figli, nessuno oserebbe dire di lui nulla di male perché sembrerebbe naturale che siano le donne a doversi occupare di queste cose. Delle donne inoltre si dice che siano sensibili, meno legate all'eccitazione sessuale, più confacenti al romanticismo e con un sogno preciso che si realizza quando troveranno il loro unico grande e vero amore. Nei secoli le donne che hanno mostrato di vivere la sessualità da soggetti e non da oggetti sono state giudicate male. Delle donne che non si vogliono occupare della casa ma preferiscono andare a lavorare fuori, dove saranno retribuite per il proprio sforzo, si dice che siano donne disadattate forse un po' psicopatiche.

Nessuno si chiede perché le donne dovrebbero preferire compiere lavori per i quali non c'è alcuna retribuzione e che devono svolgere in una condizione di schiavitù per supplire all'assenza di un welfare inadeguato. Per le donne che non amano i ruoli di cura e si smarcano da doveri familiari in relazione all'assistenza di disabili e malati ovviamente si usano termini nefasti che imputano a tali donne non solo un tradimento per le famiglie ma un tradimento per tutto il genere femminile. Le donne che non amano crescere figli o non ne vogliono avere vengono giudicate prive di morale, qualcuno osa fare una diagnosi psichiatrica, vengono giudicate egoiste, incapaci di amare, qualcuno imputa loro traumi inesistenti, non empatiche.

Un po' come dire che non somigliano alle donne vere. Le donne più perseguitate nella storia sono quelle che hanno partecipato alle lotte contadine perché erano lavoratrici e non casalinghe. Oppure partecipavano alle lotte operaie perché facevano parte di un sindacato. L'apice della persecuzione nei confronti delle donne e stato raggiunto nel tempo dell'inquisizione quando migliaia e migliaia di donne sono state uccise, torturate, imprigionate, deportate, perché usavano metodi anticoncezionali e li condividevano con altre o perché aiutavano altre donne ad abortire. L'ordine patriarcale esigeva che queste donne tornassero a fare le casalinghe e le madri senza mai lamentarsene. Una simile persecuzione, un tale genocidio, può essere paragonabile solo all'olocausto che in qualche modo c'entra perché gli inquisitori mentre punivano e uccidevano le donne perseguitavano anche gli ebrei.

La donna viene criminalizzata in quanto tale solo perché donna. A questa criminalizzazione le femministe hanno risposto dando un nome di volta in volta alle forme di odio che sono state espresse contro di noi. Stereotipi, sessismo, misoginia e altro, sono solo alcuni esempi di quello che le donne devono subire tutti i giorni. In altri tempi, quando esistevano ancora i manicomi, tra fine '700 e '800, le donne venivano rinchiuse e su di loro si praticava elettroshock e lobotomia perché non si adeguavano ai ruoli che a loro erano stati assegnati. Erano i mariti in genere a farle rinchiudere perché le donne si ribellavano a stupri e maltrattamenti. Erano i padri a far rinchiudere le figlie per lavare il loro onore se si erano concesse a qualcuno.

A parte i manicomi altri luoghi venivano utilizzati per addomesticare le donne secondo l'ordine patriarcale. Le lavanderie gestita da suore In Irlanda erano famose per la maniera in cui educavano ragazzine che erano state messe incinta da qualcuno. Non importava la ragione per cui fossero incinta, non importava se fossero state stuprate dal loro stesso padre, l'importante era rieducarle secondo le regole dell'ordine patriarcale. Altre donne in passato sono state richiuse in conventi perché non accettavano di sposare il marito che il padre aveva scelto per loro. Altre ancora oggi vengono uccise perché si ribellano a mariti, a padri, fratelli, a fidanzati.

Delle donne criminalizzate si diceva che fossero traviate, ninfomani, isteriche. Ogni dispositivo autoritario di controllo sociale gestito dai patriarchi veniva utilizzato per addomesticare le donne in modo che obbedissero agli uomini. Uno dei dispositivi di controllo sociale adoperato dai patriarchi è sempre stato quello di produrre una divisione tra donne facendo in modo che l'una giudicasse l'altra se non ne comprendeva la scelta. Quando criminalizzate una donna perché la sua scelta non coincide con la vostra non state criminalizzando solo lei ma voi stesse. Mettere a rischio la sua libertà di scelta significa limitare la vostra libertà di scelta. Quindi farei molta attenzione nell'esprimere giudizi che vi si possano ritorcere contro. Piuttosto sarebbe meglio raccontare la vostra storia, il vostro sentire perché tutte le scelte possibili siano nominate.

Colpevolizzazione della vittima

La colpevolizzazione della vittima si realizza nel momento in cui non si riconosce innanzitutto che la vittima sia tale e si dice invece che si è posta nelle condizioni di diventare oggetto di aggressione di qualunque tipo inclusa quella sessuale. La colpevolizzazione può insorgere come elemento derivante da fenomeni razzisti, omofobi e sessisti. Si parla di victim blaming quando per esempio una donna stuprata viene giudicata per il suo comportamento, per il suo abbigliamento, per il trucco, i tatuaggi, e qualunque altro elemento che la pone come individuo fuori norma. La colpevolizzazione interviene anche quando una vittima di violenza sessuale denuncia di aver subito abuso mentre lei era in condizioni di incoscienza, ubriaca, drogata. Forme di colpevolizzazione comprendono anche una sorta di interrogatorio della vittima che secondo l'avvocato difensore dell'imputato presunto stupratore non avrebbe reagito abbastanza o avrebbe potuto porre fine all'aggressione. Quando lei denuncia uno stupro qualcuno può dire che i suoi jeans erano troppo stretti perché qualcun altro potesse toglierglieli.

Dunque se li sarebbe tolti da sola. Se la vittima è stata costretta a praticare una fellatio all'aggressore le viene chiesto come mai non abbia dato un morso per reagire e poi scappare. E capita spesso che una vittima di stupro si difenda attraverso una forma di paralisi che le impedisce di dire o fare qualunque cosa. L'immobilità è una reazione piuttosto comune alla paura. Una donna che viene aggredita da uno stupratore non solo teme di essere stuprata ma anche di essere uccisa. La mente reagisce inviando stimoli che produrranno una paralisi in tutto il corpo. Molto spesso questo fenomeno viene male interpretato e la stessa vittima si sente in colpa per non aver detto o fatto nulla mentre avveniva lo stupro. Quando la vittima denuncia e subisce un interrogatorio da parte dell'avvocato dell'accusato o dello stesso giudice sulle sue abitudini sessuali, sul suo abbigliamento o sul perché lei non abbia reagito, si parla di vittimizzazione secondaria. La vittima cioè viene rivittimizzata per la seconda volta.

Altre forme di vittimizzazione secondarie possono avvenire attraverso articoli di stampa in cui si descrive la vittima come se ella fosse colpevole di quanto accaduto. Articoli del genere possono ad esempio non rispettare la privacy della vittima, concentrarsi sulle abitudini della vittima, descrivere lo stupratore come un innamorato o una persona che pensava il rapporto fosse consensuale. L'uomo che tenta un approccio con una donna che per esempio sta dormendo immagina che lei voglia stare con lui solo perché continua a dormire o temendo un'aggressione violenta finge di dormire sperando solo che lui finisca presto. Altre forme di colpevolizzazione comprendono il fatto che un avvocato difensore dell'imputato presunto stupratore descriva la fisiologia della donna e dei suoi apparati genitali come impossibili da penetrare se lei non voglia. Alcune vittime di stupro si sono sentite colpevoli perché durante la penetrazione la vagina si dilatava e a volte raggiungeva l'orgasmo.

La dilatazione della vagina è una difesa che il corpo mette in atto per evitare che quella zona venga ferita. Quindi non c'è nulla di strano e non c'è colpa in questo. Devono saperlo le vittime, gli stupratori, e gli avvocati che li difendono. La stessa cosa succede quando ad essere stuprato è un ragazzino. Il fatto che eiaculi se stimolato da un pedofilo non vuol dire che quella non sia violenza. Il punto cruciale da tenere bene a mente è il consenso. Se lei non dice sì allora è stupro. Se lei pur avendo inizialmente detto sì ad un certo punto vuole smettere e se lui continua diventa stupro. Colpevolizzare la vittima dipende anche dalla mentalità comune, dagli stereotipi che stabiliscono quale debba essere il giusto comportamento di una ragazza per bene. Ricordo per esempio che anni fa si parlò di violenza ad alcune adolescenti che poi vennero descritte dai giornali come delle ninfette che andavano in giro in shorts e mostravano i tatuaggi.

Queste norme per il buon comportamento della brava ragazza purtroppo non furono descritte da un giornalista qualunque ma da una donna che diceva di schierarsi dalla parte delle vittime. In quell'occasione con Abbatto i Muri avviammo la campagna il corpo è mio e lo mostro a chi voglio io. Perché beninteso il fatto che ci si vesta in un certo modo non deve incoraggiare nessuno ad aggredirti sessualmente. Non sei merce, non sei un oggetto, sei una persona con propri desideri che ti rendono un soggetto a tutti gli effetti in grado di praticare libertà di scelta. Tale libertà si chiama autodeterminazione ovvero la libertà di determinare le tue scelte in ogni direzione qualunque sia lo scopo o l'obiettivo che tu ti prefigga.

Errori di comunicazione nelle campagne contro la violenza di genere

Uno degli errori più frequenti che vedo realizzati in campagne contro la violenza di genere è quello di rappresentare un'immagine in cui c'è una donna a capo chino o con la mano pronta a parare colpi, in una situazione di difesa. L'immagine presenta la vulnerabilità di una donna piuttosto che la sua forza nel percorso di fuoriuscita da una situazione di violenza. Quel che bisognerebbe rappresentare invece è l'urlo di una donna che manifesta rabbia, potenza, coraggio, forza.

L'immagine su descritta normalmente sollecita l'intervento paternalista di tutori che si assumeranno la responsabilità di salvare la vittima. Invece una campagna contro la violenza di genere dovrebbe far emergere la forza di una donna che si salva da sola.

L'altro errore fatto frequentemente nelle campagne contro la violenza di genere è quello di rappresentare la donna per esempio con una rosa bianca macchiata di scuro. La rosa bianca vorrebbe rappresentare la purezza della vittima quasi come fosse virginale e il nero rappresenterebbe il carnefice che macchia quella purezza. Anche questa campagna richiama e sollecita l'intervento dei tutori per la salvezza della candida fanciulla dal bruto che la aggredisce. Il fatto è che una vittima di violenza non ha bisogno di essere definita pura e men che meno vergine. Ella non ha bisogno del cavaliere che la salva ma di strumenti che l'aiutino a salvarsi da sola. Un errore che i media fanno di frequente è quello di accompagnare una notizia di cronaca che parla di un femminicidio con una foto che rappresenta spesso le forze dell'ordine. in questo caso quel che si compie è un marketing istituzionale che lascia intendere che le uniche risorse che le donne possono utilizzare sono i tutori. Invece si dovrebbe accompagnare quella notizia con i numeri dei centri antiviolenza disponibili sul territorio che meglio di tutti sanno come accompagnare una donna nel percorso di fuoriuscita dalla violenza rispettando la sua autodeterminazione. È necessario far presente che la donna che si avvia a uscire fuori da una situazione di violenza ha bisogno di recuperare autostima e fiducia in se stessa e non fiducia in un sistema patriarcale che non le fa sentire la sicurezza di poter provvedere a sé stessa nel futuro. Un altro genere di errore che viene fatto nelle campagne contro la violenza di genere è quello di rappresentare le donne uccise come bambole vestite da marchi importanti attaccate ad una parete che ricorda tanto i caduti in guerra solo in versione fashion. La victim fashion è un'altra delle maniere in cui viene mostrata una vittima in molte foto di fotografi famosi che reclamizzano prodotti o marche di abbigliamento fotografando le donne in posa da morte. In questo caso non si tratta di una campagna contro la violenza di genere ma è la violenza di genere che diventa un brand utilizzato per vendere dei prodotti sulla pelle delle donne che morte lo sono per davvero.

Un altro errore delle campagne contro la violenza di genere è quello di rappresentare uomini che dicono di volerti difendere sollecitando il loro paternalismo invece che dar sicurezza alle donne che si difendono da sole. Tutti questi errori sono solo degli esempi per far comprendere quanto la comunicazione possa contribuire in malo modo a dare un messaggio sbagliato e a far sentire la donna che sta uscendo da un percorso di violenza comunque inutile come se non ci fosse altra scelta che affidarsi ad altri uomini per salvarsi la vita. Le stesse forze dell'ordine sono solo uno strumento che le donne possono utilizzare se lo scelgono perché principalmente è la scelta delle donne che escono fuori da una situazione di violenza che deve essere rappresentata e di cui si deve avere rispetto.

Femminismo e personal-politico

Il femminismo è personale e politico. non ci può essere femminismo senza una declinazione personale delle esigenze delle donne. Si deve tener conto del fatto che ogni donna è diversa dall'altra e ciascuna ha diritto al rispetto per la propria autodeterminazione. Perciò la narrazione personale che scandisce le esigenze delle donne diventa un modo per nominare tutti i suoi disagi, le violenze subite, tutto ciò che va risolto tenendo conto delle sue esigenze. Il femminismo non è un dogma, non è un insieme di teorie realizzate per essere adattabili a ciascuna donna.

La prima narrazione femminista di cui si è tenuto conto purtroppo è stata solo quella delle donne bianche e mediamente istruite e ricche. In seguito si sono riappropriate della propria voce le donne nere, le donne colonizzate, le donne trans, le sex worker, le migranti e tutte quelle donne che non si riconoscevano nella narrazione femminista dominante. Molte tra queste hanno accusato le prime femministe di essere sovradeterminanti e di agire colonialismo per conto del patriarcato senza tenere conto delle loro reali esigenze. Il femminismo afro americano ha introdotto l'antirazzismo come elemento chiave della lotta femminista, così come ha introdotto l'azione anticarceraria in favore dei compagni di lotta che venivano arrestati mentre rivendicavano i propri diritti.

Le donne indiane hanno promosso il femminismo post coloniale attribuendo alle donne bianche un colonialismo epistemologico che deve essere combattuto. Il femminismo della terza onda ha racchiuso le esigenze delle donne di ogni tipo, qualunque fosse la propria scelta e provenienza, qualunque fosse la loro religione, qualunque fosse il sesso di partenza se diventate poi donne trans, nel termine intersezionalismo.

Il femminismo intersezionale dà voce a tutte quelle donne che non si sentivano rappresentate dal femminismo della seconda onda. In particolare ancora oggi c'è uno scontro tra il femminismo della seconda onda che riconosce il genere delle donne solo se nate di sesso femminile, ripudiando le donne trans, e il femminismo della terza onda – transfemminismo – che invece manifesta in piazza con colori queer e assieme alle sex worker dagli ombrelli rossi.

Il principio del femminismo intersezionale è tanto più vicino a quel personal politico di cui parlavano le primissime femministe degli anni '70. Bisogna ascoltare le esigenze di tutte, rispettare le loro scelte, accompagnarle e supportarle perché siano libere di esercitare la propria autodeterminazione, senza giudicarle o imporre un credo che appartiene solo ad alcune. Le femministe della seconda onda invece, oggi definite femministe radicali (secondo il femminismo radicale appreso dalle statunitensi), pensano di poter dire alle altre donne quali scelte dovrebbero compiere e se compiono scelte diverse adoperano stigmi nei loro confronti per isolarle e giudicarle dall'alto del loro credo femminista.

La narrazione delle donne è tanto vasta quanto sono diverse le donne tra di loro. Non c'è un modo per raccontarle tutte senza rischiare di colonizzarle, produrre fenomeni di appropriazione culturale, o invisibilizzarle. L'unica cosa da fare è restituire a tutte loro la voce, fare in modo che si raccontino, con le proprie diversità e le proprie esigenze e le tante scelte che vorranno seguire. È importante che la loro voce non sia posta sotto silenzio e che nessuna sovradetermini le scelte delle donne che non la pensano allo stesso modo.

Fare femminismo è dare dunque a tutte la libertà di nominare le proprie esigenze e farle diventare parte dell'agenda politica femminista. Significa che ogni loro esigenza ha tutto il diritto di diventare una rivendicazione politica riconosciuta nello spirito del femminismo intersezionale che raggruppa l'antisessismo, l'antirazzismo l'anti- transfobia. Solo così, manifestando insieme, potremmo unire le forze e definirci femministe.

Ruolo di cura: da moglie, madre, badante. La donna migrante come liberazione delle donne bianche

L'assegnazione forzata del ruolo di cura alla donna la obbliga ad essere moglie e madre e in un secondo momento anche badante per l'assistenza dei parenti disabili. Non c'è nessun provvedimento o nessuna struttura o servizio che rende la donna libera da questi ruoli salvo un vago cenno alle pari opportunità e alla richiesta di aiuto da parte del padre o marito che non sempre arriva. L'unico aiuto concreto che libera una donna dai ruoli di cura è il fatto di ricevere supporto da un'altra donna molto spesso migrante, costretta a lasciare famiglie e figli in un'altra nazione per trovare lavoro, e questo somiglia a quel che in passato fu la dinamica di schiavitù delle donne nere come liberazione dai ruoli di cura delle donne bianche. Se un tempo quella schiavitù era esplicita e pretesa ora è più subdola, ambigua e dà alle donne che si servono di colf e badanti straniere una giustificazione, un alibi, per poter pensare di non aver sfruttato nessuno per la propria liberazione. Il punto è che le donne che chiamerò bianche quando si servono dell'aiuto delle migranti per liberarsi dai ruoli di cura non sono coscienti del fatto che stanno perpetuando un sistema economico che schiavizza le donne sempre e solo in quei ruoli.

Non solo, le donne bianche non sono impegnate nella lotta antirazzista affinché si cancelli lo stigma sulle persone migranti e si faciliti il loro ingresso nella nostra nazione senza dover passare attraverso i lager che vengono definiti centri di ospitalità. Queste donne bianche non hanno la più pallida idea di quale sia la situazione difficile che ha spinto le donne migranti a lasciare il proprio paese e la propria famiglia per diventare schiave in una nazione che le condanna in quanto straniere. Migrare lasciando indietro famiglia e figli significa portare con sé un carico pesante che può portare a forme di somatizzazione e malattie mentali. Una persona che viene considerata priva di storia in un paese straniero, non solo sente la malinconia e la nostalgia data dall'allontanamento da tutto ciò che conosce, ma può peggiorare e toccare forme di depressione che vengono trascurate in termini sociali e umani. Le donne bianche possono giustificarsi quanto vogliono circa il fatto che le migranti vengono pagate, più spesso in nero, per il lavoro che svolgono ma non sanno cosa significa evidentemente lasciare la propria famiglia e dimenticare persino il proprio titolo di studio per svolgere un lavoro che probabilmente non farebbero mai nei paesi di provenienza. Ho letto commenti di donne bianche che si vantavano di aver chiesto alle migranti qualcosa sulle vite precedenti o di averle facilitate in incontri sporadici con i figli lasciati oltre le frontiere.

Quel che non ho letto è un'analisi precisa che richiede uno stravolgimento di regole in modo che le donne, di qualunque paese, siano libere dai ruoli di cura. Il fatto che le donne bianche abbiano più tempo per sé stesse dato che hanno assunto una colf straniera non significa che siano veramente libere dai ruoli di cura. Hanno semplicemente trovato una sostituta che svolge quei ruoli al proprio posto. Se queste donne collaborassero ad un'analisi in modo da stravolgere le regole e dire con chiarezza che nessuna donna mai dovrebbe essere obbligata a svolgere un ruolo di cura, probabilmente lo Stato cercherebbe di proporre strumenti e servizi adeguati affinché le donne possano essere economicamente indipendenti lavorando fuori casa senza dover diventare schiave di altre donne. Invece queste donne ritengono di essere nel giusto come ritenevano di essere nel giusto le donne bianche che si servivano del lavoro delle donne nere, costrette a svolgere mansioni umili per una paga piccolissima, e questo rinviare la propria liberazione, delegando altre donne, non giungerà mai alla fine perché in ogni caso le stesse donne delegate devono lasciare i propri figli alle nonne. Sarebbe necessario ragionare appieno su questa faccenda soprattutto in un'epoca in cui la politica razzista continua a proporre leggi che rendono più difficile il viaggio delle donne straniere per arrivare fino a noi.

Politiche contro l'aborto

Uno dei doveri fondamentali delle donne è quello di riprodursi. Silvia Federici nel suo libro Calibano e la Strega parla di schiavitù riproduttiva e di maggiore misoginia nei momenti storici in cui il capitalismo aveva bisogno di più manodopera da sfruttare. La Federici parla con compiutezza del tempo dell'inquisizione in cui venivano punite le ostetriche e le donne sessualmente libere. Le ostetriche perché aiutavano nella pratica dell'aborto e le donne sessualmente libere perché non facevano sesso solo per riprodursi. Secondo la sua analisi la chiesa è sempre andata d'accordo con il capitalismo nel promuovere politiche antiabortiste e criminalizzare le donne che lottavano per il diritto alla libertà di scelta. Avrete sicuramente letto da qualche parte editoriali in cui si parla di denatalità e di contributi o sovvenzioni per favorire più nascite. Il nostro pianeta è abitato da 8 miliardi di persone e se realmente si preoccupassero di una suddivisione equa della ricchezza ci sarebbe lavoro per tutti e soprattutto le persone potrebbero spostarsi con più facilità da una nazione all'altra per trovare lavoro. Ma il capitalismo si basa sul fatto che il costo del lavoro resti basso e per rimanere basso deve esserci molta concorrenza e dunque un tasso di disoccupazione notevole che consente alle imprese di ricattare i propri dipendenti pagandoli molto meno rispetto a quel che meriterebbero.

Alle donne spetta dunque il gravoso compito di fornire ulteriori corpi da schiavizzare destinati alla disoccupazione o allo sfruttamento per far andare in pari il bilancio economico secondo il disegno capitalista.

Le politiche contro l'aborto non sono l'unico segnale che ci rivela quale sia il ruolo cui sono destinate le donne. Contemporaneamente c'è chi promuove politiche economiche che marginalizzano le donne e le spingono sempre più restare a casa a svolgere ruoli di cura e riproduttivi. Per le donne che non vogliono essere madri abbiamo già ampiamente raccontato qual è il destino culturale e lo stigma che a loro viene consegnato. Quindi deve essere chiaro che tutte queste cose vanno di pari passo e non avvengono per caso. Ma se vogliamo dare un'occhiata semplicemente alle politiche contro l'aborto basta vedere l'enorme percentuale di obiettori di coscienza che esiste in ogni regione d'Italia. Ci sono regioni in cui quella percentuale tocca il 90% e lì è assolutamente improponibile per una donna poter godere di assistenza sanitaria quando chiede l'interruzione volontaria di gravidanza.

Oltre a questo gli antiabortisti si muovono per toglierci terreno sotto i piedi in ogni regione o comune dove insinuano il dubbio che le donne che scelgono di abortire siano delle semplici assassine. Questo vale per esempio per i provvedimenti che consentono la costruzione di cimiteri per feti abortiti. Questa faccenda si è moltiplicata a dismisura, di luogo in luogo, di città in città, fino a diventare non solo elemento di ricatto per le donne che abortiscono e devono compilare un modulo in cui scegliere se destinare l'embrione abortito alla spazzatura o alla sepoltura. La questione va anche oltre questo perché tocca i regolamenti che riguardano i cimiteri. Le leggi cimiteriali dicono con chiarezza che può avvenire sepoltura di una persona. Se gli antiabortisti insistono affinché tu dia un nome al tuo embrione abortito e acconsenti alla sua sepoltura è perché per effetto traslato esso diventa persona e di conseguenza tu diventi un'assassina. Vale a dire che cercano di creare un precedente che presto potremo veder nominato in qualche sentenza sui diritti umani.

Gli antiabortisti non fanno solo questo ma continuano a raccogliere firme e a chiedere alla comunità europea che l'embrione sia riconosciuto in quanto persona. Sembrerebbe una richiesta innocua ma definire l'embrione persona, secondo il nostro codice penale, definisce chi lo abortisce ritenendola colpevole di omicidio premeditato. Dunque ogni volta che trovate queste persone dinanzi ai consultori o agli ospedali in cui si realizzano gli aborti, mentre chiedono di poter raccogliere firme per le loro petizioni, ricordate che firmerete per attribuire alle donne che abortiscono, e ai medici che l'hanno aiutata, una condanna all'ergastolo.

Qualche tempo fa veniva persino istituito il giorno di preghiera, davanti agli ospedali in cui si effettuavano aborti, per disturbare o colpevolizzare le donne che si recavano in quei luoghi. L'attività anti abortista è anche abbastanza subdola. Per esempio è possibile che voi troviate presso medici o ambulatori dei depliant che fanno riferimento all'aborto o a madri in difficoltà con numeri di telefono e senza specificare di quale organizzazione in realtà si tratti. Di conseguenza potresti fare quel numero e ti risponderà qualche fanatico anti abortista che ti illuminerà su una serie di argomenti su cui è sicuramente preparato. Per esempio ti dirà che l'aborto è un omicidio, poi ti dirà anche che dopo l'aborto sentirai un vuoto enorme dentro di te che non colmerai mai più, ti dirà che l'aborto potrebbe avere su di te delle conseguenze catastrofiche al punto da indurti al suicidio o al punto da causarti delle malattie e degli scompensi inevitabilmente mortali.

Gli stessi argomenti, conditi di colpevolizzazione della donna che vuole abortire, sono stati usati per tentare di impedire l'uso della 486 RA, pillola abortiva, ottenendo che possa essere somministrata solo in ospedale sebbene tu possa tornare a casa immediatamente dopo la somministrazione del farmaco. Uno degli argomenti prevalenti era quello che tale pillola avrebbe procurato alle donne delle malattie posteriori. L'argomento più semplice e comprensibile era quello di chi diceva che una pillola sarebbe stato un modo troppo semplice per la donna che abortisce perché ovviamente secondo loro la donna deve partorire e abortire con il massimo dolore possibile. Stessi argomenti sono stati usati per la pillola del giorno dopo ed è stata fatta una lunga battaglia affinché le donne potessero acquistarla presso le farmacie senza la prescrizione medica.

Finché vigeva l'obbligo di presentare la prescrizione medica alla donna che voleva assumere la pillola del giorno dopo toccava una via crucis attraverso pronto soccorso, medico di guardia, reparti vari di ospedale, nei quali si incontravano obiettori che non volevano rilasciare quella prescrizione. E solo dopo interminabili viaggi e richieste la donna otteneva quella prescrizione e quando andava in farmacia trovava l'obiettore di coscienza farmacista che si rifiutava di consegnare il farmaco richiesto. Di obiettori farmacisti ne esistono ancora oggi anche se è utile sapere che non serve più la prescrizione medica per la pillola del giorno dopo o la pillola dei 5 giorni dopo e che il farmacista ha il dovere di darvi quel prodotto senza fare opposizione diversamente siete libere di chiamare le forze dell'ordine per far valere i vostri diritti.

Tra le politiche contro l'aborto possiamo annoverare anche la richiesta di privatizzazione della sanità con relativa concentrazione di spazi consultoriali in mano ad antiabortisti. Ma prima che ciò avvenga quel che tentano di fare è di consentire l'accesso ad una antiabortista in ogni consultorio. Loro dicono per mostrare le due alternative ma in realtà si riferiscono alla solita fanatica idea che colpevolizza le donne che vogliono abortire. Inutile dire che l'insistenza dei gruppi No-Choice a salvaguardia della vita non tocca minimamente le vite dei migranti che finiscono in mare ad ogni passaggio per raggiungere questa nazione o le vite di persone che vengono uccise durante quelle che sono definite guerre giuste.

La malattia mentale come conseguenza

Tutte le questioni fin qui trattate, relativamente alla discriminazione sessuale e di genere nei confronti delle donne, possono essere individuate come cause di alcune precise malattie mentali. Se non osserviamo la questione della salute mentale senza anteporvi la questione di genere, non potremmo capire come realizzare una prevenzione che alleggerisca il peso di tanta pressione sulle donne.

Quella pressione deriva dagli stereotipi di genere, dal sessismo e dalla misoginia, dal body shaming, dalla mancanza di rispetto per il consenso, dal revenge porn, dal maschilismo o antifemminismo che dir si voglia, dall'interiorizzazione del maschilismo che ci riguarda, dalla cultura dello stupro, dal victim blaming, dall'essere considerate oggetti del desiderio invece che soggetti, dalle molestie subite da bambine, dall'omertà che obbliga tante a non svelare quel che hanno subito dai loro carnefici, dalle molestie sul lavoro, dalla violenza ostetrica, dall'obbligo di assumere ruoli di ammortizzazione sociale, dall'idea che la famiglia eterosessuale sia l'unica destinazione e l'unica salvezza per tutte noi, dai modelli estetici imposti, dagli stessi errori che vengono compiuti nelle campagne contro la violenza di genere, dal considerare femminismo come qualcosa di vago e non il personal politico a cui ci riferiamo noi, dalla criminalizzazione della donna in quanto donna e dalla colpevolizzazione della vittima in qualunque situazione, dallo stigma che pesa sulle donne alle quali viene detto che se non sono madri non valgono niente, dalle politiche contro l'aborto, dai ruoli di cura di mogli, madri, badanti, dall'idea di poter essere liberate dai ruoli di cura attraverso la schiavitù delle donne migranti.

Se nasci donna questo è tutto quel che meriterai e che ti viene destinato. Imposizioni di ogni sorta, senso di colpa se non assumi i ruoli imposti, senso di inadeguatezza se non corrispondi al modello estetico imposto, insicurezza nell'approccio sessuale perché culturalmente l'investimento che viene fatto è solo sulla virilità maschile che ti rende oggetto e non ti lascia esprimere la tua soggettività. Se sei una donna dovrai convivere con la cultura dello stupro, dovrai celare segreti circa le molestie subite in famiglia o sul posto di lavoro, dovrai persino subire insulti o pratiche illecite quando dovresti essere assistita al parto. Il senso di colpa non interviene nelle donne perché ci piace sentirci colpevoli. Siamo oppresse perché qualcuno ha deciso che su di noi pende l'antico peccato originale di Eva. Siamo oppresse perché la cultura stabilisce che dobbiamo sentirci in colpa, sbagliate, inadeguate, in qualunque circostanza. Una giovane donna che soffre di disturbi alimentari e ha problemi a mostrare il proprio corpo perché qualcuno gli ha detto che è troppo grassa o troppo magra, potrebbe stare molto meglio se i canoni estetici diffusi rispettassero la diversità di ciascuna.

Una donna depressa, schiacciata dei sensi di colpa perché non è stata in grado di assolvere i ruoli che le sono stati assegnati, potrebbe stare molto meglio se nella vita avesse potuto scegliere liberamente quali ruoli siano adatti a lei. Non sto dicendo che tutte le donne che vivono disagi sulla propria pelle finiscono per soffrire di malattie mentali ma sono certa del fatto che se il 90% delle persone depresse è di sesso femminile ci deve pur essere una ragione e non è biologica. Ritengo sia sociale e culturale. Quella ragione attiene alla questione di genere di cui stiamo discutendo e che deve occuparsi anche della salute mentale delle donne per ripensare strategie che le aiutino a prevenire o a superare le malattie mentali. Se le donne vivono un tale carico di pressione senza poter reagire, dissimulando la rabbia, dovendo interpretare il ruolo femminile della creatura angelica e pacifica, a me pare più che ovvio che questo c'entri molto con le malattie mentali. Senza andare nello specifico, poiché non tratto della faccenda in termini medici, al di là di chi dice che certe malattie derivino da questioni genetiche, le donne che io ho incontrato nel mio percorso psichiatrico non avevano parenti che soffrissero di disturbi alimentari o depressione, e queste malattie diventano l'unico modo attraverso il quale queste donne possono comunicare di sentirsi inadeguate, diventano la loro unica richiesta di aiuto.

Se si trattassero queste malattie da un punto di vista di genere sarebbe corretto per esempio organizzare corsi di educazione al rispetto dei generi fin dalle scuole elementari. Se si tratta di rabbia inespressa e frustrata, che ho visto tratteggiata sulla carne delle donne che praticano su sé stesse autolesionismo, bisogna spiegare che quella rabbia ha ragione di emergere e non può essere censurata. Ci sono malattie mentali che raccontano molto più di quanto possa dire un libro di teoria femminista, perché ci spiegano in concreto quanto sia deleterio l'effetto che la cultura maschilista ha sulle donne. Penso ad esempio all'agorafobia unita alla paura di mostrarsi perché si ha paura di non piacere nella propria carne, nel proprio corpo. L'agorafobia per me è stata una reazione assimilata alla depressione sul mio enorme senso di inadeguatezza, sul fatto di sentirmi sbagliata in colpa. Se io fossi stata educata non per essere la perfetta casalinga e madre di famiglia ma per essere semplicemente me stessa, probabilmente non avrei avvertito la pressione che mi ha schiacciata e resa inerme e vulnerabile. La prevenzione in questi casi a mio avviso è possibile. Non si tratta come dicono i genetisti di correggere qualcosa che c'è di sbagliato nei nostri cervelli, ma si tratta di capire cosa c'è di sbagliato nella cultura e nell'educazione che c'è stata impartita.

Partendo da questo si potrebbero iniziare a contare le vite poste in salvo se solo si agisse preventivamente togliendo mattone su mattone quel grave peso che schiaccia tutte le donne. L'educazione al rispetto dei generi è secondo me necessario per avviare un percorso preventivo tenendo conto dei rischi che le donne corrono se non riescono a trovare nel corso della propria vita modelli di riferimento che le liberino dal senso di colpa e dell'oppressione culturale maschilista. Ho detto che il 90% delle persone depresse sono donne. Non ho detto che molte tra loro muoiono suicide. Se non può essere considerato un femminicidio collettivo potremmo però considerare la cultura maschilista come elemento di istigazione al suicidio per molte donne. Questo farebbe capire forse quanto importante sia per la vita delle donne la possibilità di poter scegliere e di non essere perennemente ostacolate da culture sessiste e misogine. Alcune tra le donne che ho incontrato nel mio percorso di psichiatria soffrivano di malattie mentali come conseguenza di un trauma che avevano vissuto da sole, senza poterne parlare, senza poter chiedere aiuto. Alcune erano state molestate da piccole, altre erano state stuprate da adolescenti, altre ancora erano state picchiate selvaggiamente da adulte, ad alcune sono capitate tutte queste cose insieme.

Il peso che la violenza di genere ha sulle donne ha una precisa correlazione con le malattie mentali che ci colpiscono. Non saperlo e non utilizzare nessuna conoscenza circa le questioni di genere nelle terapie riabilitative significa semplicemente ignorare quello che sta succedendo a queste donne. Vale a dire che qualunque medicina non fornirà loro risposte, né consolazione, né le farà stare meglio fino a quando qualcuno non ascolterà la loro storia. Uscita dall'ospedale psichiatrico ho riattivato la campagna #tuttacolpamia, con l'invito alle donne di inviare la propria storia di violenze e abusi da pubblicare sulla pagina facebook di Abbatto i Muri tutelando il loro anonimato, perché anche l'avevo ritenuta uno dei milioni di modi in cui una donna poteva raccontare attraverso la propria voce quello che non aveva mai raccontato a nessuno. Avevo intuito che la disponibilità all'ascolto di queste storie avrebbe avuto una funzione catartica per le narratrici ma anche di riparazione per quell'ascolto che non avevano trovato altrove. L'auto narrazione non è solo un potente mezzo per riappropriarsi della propria voce e della propria storia ma è anche un mezzo di autoanalisi che fa emergere dettagli o sensazioni che non ritenevate presenti ancora oggi. Perciò da depressa, affetta da disturbi alimentari, da agorafobica, posso dirvi che la medicina fa bene ma la prevenzione antisessista potrebbe farlo meglio ed è per questo che spero che ancora molte donne sfrutteranno il mio angolo di ascolto il più possibile per recuperare vicinanza le proprie emozioni.

Malattia mentale e prevenzione ed educazione al rispetto dei generi

Se parliamo di malattie mentali che colpiscono maggiormente le donne, come la depressione, i disturbi alimentari, l'agorafobia, dopo averle osservate e analizzate da un punto di vista di genere possiamo immaginare delle forme di prevenzione. Per prevenire i disturbi alimentari bisogna combattere il sessismo, il body shaming, i modelli estetici imposti. Voler essere magre non è sempre la dimostrazione che quella donna sia affetta da una malattia ma se si raggiungono stadi in cui si ritiene di poter avere il controllo su se stesse soltanto digiunando o stadi in cui si perde il controllo su tutto abbuffandosi e poi vomitando, siamo di fronte a un disturbo che si potrebbe prevenire se solo le pressioni sull'estetica femminile non fossero così enormi. Voler essere belle non è qualcosa di malvagio, non riuscire a vedere la propria bellezza perché non si somiglia ai modelli estetici imposti diventa invece patologico. Dobbiamo spiegare con attenzione che quei modelli non rappresentano la realtà delle tante donne esistenti al mondo, con corpi di ogni peso e misura e colore, con aspetti differenti l'una dall'altra. Dobbiamo spiegare che la diversità è un valore e se impediamo a quelle pressioni sessiste di insistere nel far sentire inadeguate le donne nei propri corpi potremmo prevenire patologie invalidanti che hanno certamente una derivazione anche culturale.

I disturbi alimentari si accompagnano spesso all'isolamento e dunque all'agorafobia. Per aiutare le donne che non riescono a percorrere chilometri tra la folla pensando di essere osservate e giudicate da chiunque dovremmo innanzitutto iniziare a considerare questo fatto negli spazi condivisi e femministi. Se una donna con disturbi alimentari e agorafobica riesce a raccontarsi tramite una mail ciò vuol dire che non vuol restare da sola ma che teme di esporre il proprio corpo immaginando di non essere accettata e quindi amata dalle persone che potrebbe incontrare altrove. Questa faccenda ci riguarda tutte nella misura in cui dovremmo prepararci e per esempio realizzare iniziative in cui le donne affette da disturbi alimentari e agorafobia possano sentirsi al sicuro. Non vale il fatto che si teme solo il giudizio maschilista perché sappiamo bene che il giudizio estetico deriva anche da altre donne che tendono a sminuire i corpi delle altre, le loro differenze, per stare meglio probabilmente con sé stesse. Non ci dovrà dunque essere nessun giudizio o nessuna osservazione sul peso del corpo di una donna, sul suo aspetto, sul modo in cui desidera esporsi, coperta o scoperta che sia, non si dovrà mai applicare uno stigma a nessuna donna.

Per prevenire dobbiamo considerare anche l'idea di inserire nei corsi di educazione al rispetto dei generi tutto ciò che riguarda i modelli estetici imposti e le pressioni che pesano sui corpi delle donne. Bisognerà insegnare alle bambine che sono belle così, senza cambiare nulla, senza dover faticare mille ore in palestra per perdere peso per adeguarsi ai modelli estetici dominanti.

Prevenire la depressione è un fatto più complesso perché dipende dalla enorme mole di pressioni sociali che le donne subiscono ogni qualvolta vengono colpevolizzate o obbligate ad assumere i ruoli imposti. Non ce l'ha prescritto il medico che dobbiamo sentirci felici di essere mogli, madri, badanti. Nessuno ci obbliga a sentirci felici mentre svolgiamo ruoli di cura. L'imposizione culturale che ci spinge alla schiavitù riproduttiva e ai ruoli di cura è responsabile in gran parte della depressione di molte donne. Combattere questa imposizione significa fare prevenzione e impedire che tante donne periscano suicide perché si sentono in colpa per non essere state in grado di interpretare i ruoli imposti. Quando si faranno corsi di educazione al rispetto dei generi si dovrà precisare che le donne non dovranno fare niente che non sono libere di scegliere. Non dovranno necessariamente sposarsi, diventare madri, prendersi cura della famiglia, se non lo vogliono. Serve dire che non dovranno sentirsi inadeguate mai se sceglieranno di fare qualcos'altro. Bisogna combattere la colpevolizzazione che opprime le donne che non vogliono sposarsi, fare figli, prendersi cura della famiglia.

Il nostro governo ha cancellato il ministero alle pari opportunità, per quanto fosse utile solo sulla carta, ritenendo che la parità sia stata già raggiunta mentre continua a spingere le donne in casa, a svolgere i ruoli di cura, tenendole lontane dei luoghi di lavoro retribuiti. Se tra tutte le persone depresse il 90% è donna il governo dovrà chiedersi perché svolge politiche che istigano il loro suicidio. Se non si realizzano strutture per aiutare le donne nei ruoli di cura, se non si liberano le donne dall'imposizione a raggiungere uno status sociale solo se mogli e madri, se non si realizzano delle strutture che potremmo chiamare di co-housing per donne che non hanno famiglia e si trovano in situazioni di difficoltà, senza lavoro né pensione, allora il governo sarà chiamato a rispondere di istigazione al suicidio di moltissime donne depresse. Il suicidio non è conseguenza di una malattia ma è la malattia che è conseguenza delle forti pressioni che le donne subiscono. Se si continua a chiedere alle donne di custodire gelosamente la rabbia, senza mostrarla, frustrate per il fatto di dover adempiere a doveri che non hanno scelto, quel che si fa e spingerle verso la morte.

Gli approcci della psichiatria a questo genere di patologie sono dedicate a curare i sintomi ma non le cause. I farmaci stabilizzano l'umore ma di certo non ti rendono una persona felice se non lo sei. I farmaci ti aiutano a dormire ma di certo non risolvono i problemi che ti tenevano sveglia e insonne per decine di notti. La stessa psicologia approccia queste patologie secondo varie teorie di pensiero. Qualcuno pensa che bisogna correggere il pensiero distorto affinché tu torni ad un pensiero ottimista. Qualcuno ritiene che devi esplorare e analizzare fino in fondo i tuoi traumi che sarebbero causa della tua malattia. In ogni caso non risolvono problemi concreti che tante donne depresse pongono: ovvero la questione del reddito, per la propria esistenza e non perché garantiscano un margine di produttività utile al capitalismo, e la questione della casa che è un bene primario del quale tutti dovrebbero avere diritto. Se reddito e casa sono vincolate al teorema della felice realizzazione della famiglia eterosessuale, a queste donne si dirà semplicemente che dovranno dipendere da un uomo per poter ottenerle.

Non hanno altra scelta se non questa. Quando queste donne hanno fortuna trovano un uomo per bene che non le picchia e non le manipola. Se però va male trovano un uomo violento dal quale è difficile perfino separarsi per tentare di costruire una qualche forma di autonomia. Ovvero ti dicono che se denunci l'uomo violento a quel punto rientri in un quadro di insieme di servizi approntati per l'assistenza della donna che esce da una situazione di violenza che prevede per te la possibilità di trovare un tetto e anche un reinserimento socio lavorativo. E' come se si dicesse alle donne che devono in ogni caso passare attraverso l'inferno per poter ottenere un margine di autonomia. Diversamente nessuno te la concederà. Quindi è necessario esigere un reddito di esistenza e abitazioni per donne sole che non hanno famiglia o figli. Perché la loro vita ha valore. Se si realizzassero politiche economiche che incoraggiassero l'autonomia delle donne probabilmente si potrebbe prevenire la depressione per molte di loro. Ecco perché la questione delle malattie mentali deve essere rivista mettendola in correlazione alla questione di genere.

Psichiatria: dalla cura dell'isteria alla somministrazione di farmaci. Riflessione sul contributo alla guarigione.

Ricorderete di sicuro che nel 1800 qualche psichiatra più intelligente degli altri decise che l'isteria non era una malattia mentale ma si trattava perlopiù di insoddisfazione sessuale unita all'infelicità e la melanconia che le donne provavano perché obbligate a svolgere i ruoli di cura come mogli e madri. Prima che si decidesse che le donne non avessero bisogno dello stigma dell'isterica questa faccenda veniva risolta in parecchi modi. Alcuni dei quali sembravano delle vere e proprie torture: per esempio mettevano un panno asciutto sul viso delle donne e lasciavano scorrere acqua fino a quando le donne non sembravano essere quasi annegate. Questo fatto di morire e poi tornare in vita pensavano fosse utile ad eliminare l'isteria. Oggi sappiamo che è uno dei metodi di tortura che viene utilizzato soprattutto in situazioni di guerra. L'altro metodo di cura era quello della stimolazione della vagina e della clitoride attraverso un getto di acqua ghiacciata.

Poi c'erano gli psichiatri che pensavano fosse utile una stimolazione manuale di tutte le zone dall'inguine alla vagina alla clitoride. A questo genere di cure potevano accedere le donne ricche e tutto sommato si trattava di ottenere quella masturbazione e quell'orgasmo che non riuscivano a provare nei rapporti sessuali con i propri coniugi. La psichiatria più moderna escluse che l'isteria fosse una malattia ma continuò comunque ad attribuire alle donne una serie di disturbi per i quali venivano rinchiuse nei manicomi. La malattia più frequente era la depressione che non veniva trattata come oggi ma perlopiù gli psichiatri la affrontavano con elettroshock e talvolta con la lobotomia. Non per nulla Focault stabilì che la psichiatria era uno strumento di controllo sociale che veniva utilizzato per addomesticare o azzerare la personalità delle donne. Con le nuove teorie di pensiero da Freud a Jung si aprì la via per la psicologia che ancora però non trovava spazio e legittimazione tra le materie scientifiche accreditate in campo medico. In ogni caso si passò dal definire le donne naturalmente isteriche o depresse a tentare di rintracciare complessi di vario tipo e spesso di natura sessuale nella storia familiare delle pazienti. Non si attribuiva più la colpa alle pazienti ma si tentava di capire quale fosse il vissuto che le aveva condotte a richiedere una terapia psichiatrica.

Ad oggi si sono aggiunte varie teorie e divisi sono i settori psichiatrico e psicologico, spesso non vanno di pari passo e si squalificano tra di loro, e la depressione è diventata una malattia da trattare in termini farmacologici per compensare squilibri chimici che il cervello avrebbe e per stabilizzare l'umore. Alla psichiatria non interessa la causa che ha portato le donne a soffrire di certe malattie. Prescrive farmaci e crede fortemente nella cura farmacologica e negli ultimi tempi si è ricominciato a parlare di elettroshock col nome di terapia elettroconvulsivante. Da Basaglia in poi i manicomi sono diventati ospedali psichiatrici che però continuano a conservare la modalità a porte chiuse e a trattare i pazienti spesso senza metterli in relazione con il mondo esterno. Personalmente ho chiesto che il centro salute mentale mi fornisse anche assistenza psicologica ma non l'ho ottenuta perché secondo la psichiatra sarebbe stata solo consolatoria. Perciò ho realizzato una forma di autoanalisi attraverso la scrittura che mi è servita per capire quanto sia forte il legame tra la questione di genere e la salute mentale. Dalla mia infanzia in poi, sono cresciuta in una famiglia disfunzionale, con un genitore violento e un altro passivo aggressivo, sono stata educata per diventare moglie e madre e svolgere solo i ruoli di cura, sono stata obbligata a sposare con un matrimonio riparatore un uomo violento che mi aveva messo incinta, ho continuato a sentirmi in colpa fino a poco tempo fa nei confronti del mio attuale coniuge perché da depressa non potevo essergli di nessun aiuto soprattutto in termini economici.

Sono consapevole del fatto che la psichiatria non sia più quella ottocentesca e che lo studio sul cervello umano sia un po' avanti rispetto a quell'epoca, ma sono ancora convinta del fatto che malattia mentale e questione di genere siano strettamente collegati. Se tra tutte le persone depresse in Italia il 90% è donna ciò significa che ci sono delle cause che favoriscono l'insorgere della depressione nelle persone di sesso femminile per via dell'educazione o delle pressioni sociali. Soprattutto per il fatto che le donne sono fortemente spinte a tentare di raggiungere come unico status sociale la dipendenza economica da un marito o comunque da un uomo senza poter mai emanciparsi dal bisogno e ricavare un tetto e un reddito per proprio conto. Ci sono certamente donne vissute nelle stesse situazioni che hanno raggiunto forme di autonomia inimmaginabili, con gran fatica e perché sono delle persone molto in gamba, sfidando gli stereotipi, il sessismo e la misoginia, ma ci sono altrettante donne che come me hanno avuto difficoltà perché perennemente colpevolizzate per il fatto di non svolgere ruoli di cura come avrebbero dovuto fare. La soluzione farmaceutica che aiuta a stabilizzare l'umore e a farmi dormire la notte non risolve i problemi concreti che una donna depressa come me si trova comunque a dover affrontare. Perciò insisto nel dire che un contributo alla guarigione è quello di dare una ragione per vivere ma anche di facilitare la possibilità di ottenere un tetto e un reddito per tutte quelle che hanno vissuto un handicap sociale e culturale come me. Risollevarsi da una situazione di dipendenza non è così semplice e non lo è sicuramente alla mia età e chi si occupa di salute mentale dovrebbe tenerne assolutamente conto.

Peccato però che per esempio il servizio di reinserimento socio lavorativo viene fornito dal centro salute mentale solo per persone che hanno un'età al di sotto dei cinquant'anni. Come se dopo quell'età noi potessimo vivere ad aria. Perciò bisogna inventarsi qualcosa e quel che propongono in concreto i servizi cittadini riguardano quasi sempre l'accesso al microcredito per attivare una piccola impresa che non si capisce come tu possa gestire a partire da una situazione debitoria. Ho scoperto poi che rientrare nelle liste protette, se riconosciute disabili, non è un vantaggio ma potrebbe perfino rivelarsi uno svantaggio perché chi assume discrimina molto spesso le persone con disabilità che fanno riferimento alle malattie mentali. Vale a dire che assumono persone con malattie differenti ma continuano a immaginare che esista uno stigma sulle persone affette da malattie mentali pensando perciò che tali persone non potranno realizzare i compiti che per lavoro a loro saranno assegnati. Io posso dire da depressa che probabilmente avrei bisogno di un lavoro con orari diversi compatibilmente con gli effetti dei farmaci ma so anche di essere disciplinata e di portare a termine i compiti o gli obiettivi che cerco di pormi ogni giorno. Una psichiatria che non coinvolge una donna di oltre cinquant'anni nel reinserimento socio lavorativo la lascia completamente sola a richiedere forme di assistenza che probabilmente non arriveranno mai. Perché una malata mentale, a seconda del disturbo di cui soffre, non potrà percepire la pensione di invalidità né tantomeno potrà aspettare altri 10 o 15 anni per chiedere una pensione sociale.

Mi ero riproposta con questo capitolo di riflettere sul contributo alla guarigione da parte di psichiatria e psicologia e posso dirvi ad oggi che per quel che mi riguarda l'ideazione suicidaria non c'è più, che cerco una ragione per vivere e che mi applico in un'attività creativa salvavita com'è la scrittura per andare avanti. Se tutte le donne che hanno difficoltà come la mia potessero monetizzare il proprio talento o avere il tempo di ricominciare da capo o avere l'energia per poter svolgere lavori fisici faticosi, non ci sarebbe bisogno di chiedere nessun aiuto. Viviamo però in un'epoca in cui le donne sono concretamente valorizzate in termini sessuali o riproduttivi e di cura mentre i loro talenti vengono riconosciuti solo se queste donne hanno avuto la furbizia e la fortuna di potervi investire maggiormente in età non così adulta. Una cantastorie come me può concludere da tutte le riflessioni fatte su femminismo e salute mentale che è necessaria una discussione approfondita su questi temi correlati sia a livello individuale che collettivo. Spero così di aver contribuito a dare qualche strumento o risorsa in più ad altre donne che come me vivono gli stessi problemi.

www.ingramcontent.com/pod-product-compliance
Lightning Source LLC
Chambersburg PA
CBHW082336270726
48658CB00017B/2866